呂思勉手稿珍本叢刊

中國古代史札録

11

呂思勉　著

賦稅二

第十一册目録

赋税二

田制

五畝之宅[illegible]乃古書　東塾讀書記之

周鄉遂田制義 癸巳類稿 三

田制

割田一

漲溢占地冊　癸巳數暮三

田制

古百畝當漢田數王制誤鄭不誤證義

癸巳歲稿

田鄭教学

田制一

六國井田未改者但秦用衛鞅改之井田至是盡廢

類稿の王制東

田名制好務

田税一

兩税歛説

齊東來夏齋

隨纂二

田稅一孟子所云其實皆什一田賦五尺一命助兩

第實一第實事求是齋語

第之和稅說說

田說

貢助之並行

實事求是之館

篇二初校訂說

五十九

土地私有之原

男子以霸領土和獵場

女子私人田地 耕地 未伴人從事居然不出本郡

土地

土地所有權

牧人土地公有私有 吉爾吉思人土地更公而有之矣

民族所有地、家族得使用、國君徵稅而已 初均由氏族或部落有之 使用者稍變為

所有然後用之地仍公 征服使所有者降為持有人君為

酋長所有 荒地為酋長向其領內之耕

地 治者擁大耕地雖其所圍之地降為佃戶焉

而由民族分為家族 其後家族又成中心另成一種擁有之以

民族與家族有別矣

山澤

周官以九兩繫邦國之名 注兩猶耦也所以協耦萬民繫聯綴也 九曰藪以富得民 注藪亦有虞掌其政令為之厲禁使其地之民守其材物以時入之玉府頒其餘於萬民

田稅

開阡陌

貴族守舊　新起中間階級要求土地

制度改革　廢莊園代以土地私有

國君求國權集中　與農民合

岸

毋雜利

右義十一照根毫載書

注者山川之利

田

土地私有之原

臺灣番社其民之地 民欲墾闢者 須得頭目許可

社衆無異議 如其地太多 非其一家之力所能墾闢

則社衆得異議 頭目或使棄之 或割其地

地力耗盡仍棄之 然當事者連年不為休耕或荒廢則收為社有矣

休耕之習計 然休耕時仍為所有之田 地下之代價為祝族

之貸 除收穫所享以供食外無他用 惟由田園

墾費多稍異

田

邑長葬妻犯人之禾

庚償

成子皐爲柴或字季子游稱叔氏仲

由稱季路

買道而葬如此乃可上四九買者

○季子皐葬其妻犯人之禾〔季子皐孔子弟子高柴孟氏之邑成宰或氏季犯躐也○躐力輒反〕申祥以告曰請庚之〔申祥子張子庚償也○庚古衡反償徐音尚〕○子皐曰孟氏不以是罪予〔時僭侈○僭子念反侈昌氏反又赤氏反〕朋友不以是弃予〔言非大故〕以吾爲邑長於斯也買道而葬後難繼也〔恃寵虐民非也○長丁丈反〕

疏 季子皐葬其妻至繼也○正義曰此一節論高柴非禮之事各依文解之○注季子至成宰○正義曰案史記仲尼弟子傳云高柴字子皐少孔子三十歲鄭人也知爲成宰者下文云子皐爲成宰云季者高是其正氏今言季子皐故鄭云或氏季以身處季少故以字爲氏而稱季也猶若子游稱叔氏仲由稱季路皆其例也弟子傳及論語作子羔與此文子皐字不同者古字通用○子皐至繼也○子皐見申祥請償故拒之云孟氏不以是犯禾之事罪責於我以孟氏自爲奢暴之故也朋友不以是犯禾之事離弃於我以其小失非大故也斯此也以吾爲邑長於此成邑乃買道而葬淸儉大過在後世之人難可繼續也以孟氏不罪於巳故鄭云恃寵不肯償禾故云虐民

於是下

田

按陽凍地上也陰凍地下也秇同蓺言七十日陰凍釋蓺稷若百日則過時不蓺矣

桓公問管子曰。請問乘馬。管子對曰。國無儲在令。桓公曰。何謂國無儲在令。管子對曰。一農之量壤百畝也。春事二十五日之内。桓公曰。何謂春事二十五日之内。管子對曰。日至六十日而陽凍釋。七十日而陰凍釋。陰凍釋而秇稷。百日不秇稷。故春事二十五日之内耳也。今君立扶臺。五衢之衆皆作。君過春而不止。民失其二十五日。則五衢之内阻弃之地也。起一人之繇。百畝不舉。起十人之繇。千畝不舉。起百人之繇。萬畝不舉。起千人之繇。十萬畝不舉。春已失二十五日。而尚有起

稅叢業

行其田野，視其耕耘，計其農事，而飢飽之國可以知也。其耕之不深，芸之不謹，地宜不任，草田多穢，耕者不必肥，荒者不必墝，以人猥計其野，（猥，衆也。以人衆之多少計其野之廣狹也。）草田多而辟田少者，雖不水旱，飢國之野也。若是而民寡，則不足以守其地；若是而民衆，則國貧民飢。以此遇水旱，則衆散而不收。彼民不足以守者，其城不固；民飢者，不可以使衆；衆散而不收，則國為丘墟。故曰：有地君國，而不務耕芸，寄生之君也。故曰：行其田野，視其耕芸，計其農事，而飢飽之國可知也。

行其山澤，觀其桑麻，計其六畜之產，而貧富之國可知也。夫山澤廣大，則草木易多也；壤地肥饒，則桑麻易植也；薦（子見反）草多衍，則六畜易繁也。（薦，茂草也。莊周曰：麋鹿食薦。）山澤雖廣，草木毋禁；壤地雖肥，桑麻毋數；薦草雖多，六畜有征，（征，賦。）閉貨之門也。（無貨可出，若閉門然。）故曰：時貨不遂，（時貨謂穀帛畜產也。）金玉雖多，謂之貧國也。故曰：行其山澤，觀其桑麻，計其六畜之產，而貧富之國可知也。

管子八觀

[illegible]

閔元六年三九書

古者税十一，豐年補敗，不外求而上下足

[illegible]

○臧孫辰告糴于齊臧孫辰魯大夫臧文仲○糴音狄○國無三年之畜曰國非其國也一年不升告糴諸侯告請也糴糴也不正故舉臧孫辰以爲私行也爲內諱故不稱使使若私行○畜勑六反下同爲內于僞反下文爲內同國無九年之畜曰不足無六年之畜曰急無三年之畜曰國非其國也諸侯無粟諸侯相歸粟正也臧孫辰告糴于齊告然後與之言內之無外交也古者税什一宣十五年注詳矣○税始鋭反什一十而税一疏注宣十五年注詳矣釋曰彼傳云古者什一注云一夫一婦佃田百畝又受田十畝以爲公田公田在內私田在外此一夫一婦爲耕一百一十畝也八家共一井之田餘二十畝者以爲廬舍是也○豐年補敗敗謂凶年不外求而上下皆足也疏傳上下皆足也○釋曰上謂君也下謂民也○雖累凶年民弗病也一年不艾而百姓饑疏傳一年不艾○釋曰糜信云艾穫也君子非之不言如爲內諱也○艾牛蓋反

穀梁

賦役

二十九年春新延廐 疏 傳新延廐。釋曰不言作者僖二十年新作南門傳曰作爲也有加其度也彼謂加其廐更增大之故云作此直改新故不言作。延廐者法廐也周禮天子十二閑馬六種邦國六閑馬四種每廐一閑言法廐者六閑之舊制也。廐九又反六種之勇反下皆同 疏 注周禮至舊制。釋曰自每廐一閑以上周禮校人有其事馬六種者彼校人云辨六馬之屬種馬一物戎馬一物齊馬一物道馬一物田馬一物駑馬一物是也鄭云玉路駕種馬戎路駕戎馬金路駕齊馬象路駕道馬田路駕田馬駑馬給宫中之役是天子六種之馬分爲左右廐故十二閑也彼又云邦國六閑馬四種家四閑馬二種鄭玄云諸侯齊馬道馬

田馬各一閑駑馬則分爲三大夫則田馬一閑駑馬分爲三是天子十二閑馬六種邦國六閑馬四種也其言新有故也言改故而新之有故則何爲書也古之君人者必時視民之所勤民勤於力則功築罕罕希。罕呼旦反民勤於財則貢賦少民勤於食則百事廢矣凶荒殺禮。殺所界反。冬築微春新延廐以其用民力爲已悉矣悉盡。夏鄭人侵許。

田

子產使田有封洫

左襄卅 [illegible]

[illegible]

耕籍
穀者稷為長
六穀曰粢在器曰盛
藉田之穀衆神皆用
天子藉田千畝在南郊

甸師掌帥其屬而耕耨王藉以時入之以共齍盛其屬府史胥徒也耨芸芓也王以孟春躬耕帝藉天子三推三公五推卿諸侯九推庶人終於千畝庶人謂徒三百人藉之言借也王一耕之而使庶人芸芓終之齍盛祭祀所用穀也粢稷也穀者稷爲長是以名云在器曰盛○耨乃豆反齍音資芸音云徐音運本或作耘芓音子徐音茲推出誰反又他回反

疏 甸師至齍盛○釋曰言掌帥其屬者謂除府史有胥三十人徒三百人而耕種耘耨於王之藉田言以時入之者謂麥則夏熟禾黍秋熟則十月穫之送入地官神倉故云以時入之云以共齍盛者六穀曰粢在器曰盛以共祭祀故云以共粢盛○注其屬至曰盛○釋曰云其屬府史胥徒也者敘官知之云耨芸芓也者詩云或芸或芓芸薅芓擁本是也云王以孟春至諸侯九推並是月令文言躬耕帝藉者天子親耕三推是也言帝藉者藉田之穀衆神皆用獨言帝藉者舉尊言之云天子三推者三推而一墢云三公五推者五推而三墢卿諸侯九推者九推而五墢故周語云王耕一墢班三之云庶人終於千畝亦周語文天子藉田千畝在南郊自天子三推已下示有恭敬鬼神之法又示帥先天下故暫時耕終之者庶人也鄭解周語庶人者謂此序官徒三百人也云粢稷也者爾雅文云穀者稷爲長是以名云者此釋經及爾雅特以粢爲號知稷爲五穀長者案月令中央土云食稷與牛五行土爲尊故知稷爲五穀長及爾雅以稷爲粢通而言之六穀皆是粢故小宗伯云辨六粢之名物是也

賦稅（三）

旅師中士四人下士八人府二人史四人胥八人徒八十人主斂縣師所徵野之賦粟者也旅猶處也六遂之官里宰之師也正用里宰者亦斂民之稅宜督其親民〔疏〕旅師至十人○釋曰六鄉之内所有賦稅閭師徵之閭師斂之此二百里以外至五百里其地廣故縣師徵之旅師斂之徵斂別官故官屬與胥徒多也○注主斂至親民○釋曰案其職云掌聚野之鋤粟屋粟閒粟言野故知主斂縣師所徵野之賦穀者也云旅猶處也六遂之官里宰之師也者里訓爲居旅者衆也衆之所處即與里義同故鄭云里宰之師也遂官之内縣鄙已下正用里宰爲徵斂之官名者亦是斂民之稅宜督其親民若似六鄉之中取閭名爲徵斂之官故鄭云亦謂亦閭師也

六鄉以内賦稅閭師徵之斂之 二百里以外至五百里
其地廣故徵斂別官
旅師斂 耡粟——一井田九夫之稅
屋粟——有田不耕者罰三夫稅粟
閒粟——閒民無職事者出一夫之征粟
鄉語城外 野語遠郊之外 六遂之中

旅師掌聚野之耡粟屋粟閒粟野謂遠郊之外也耡粟民相助作一井之中所出九夫之稅粟也屋粟民有田不耕所罰三夫之稅粟閒粟閒民無職事者所出一夫之征粟○閒音閑注同

疏旅師至閒粟○釋曰此旅師斂六遂之稅六遂在野故云掌聚野之耡粟之等○注野謂至征粟○釋曰云野謂遠郊之外也者案鄉大夫野自六尺彼野謂城外此野據遠郊之外六遂之中也云耡粟民有相助作一井之中所出九夫之稅粟也者六鄉六遂與公邑三處皆為溝洫法三等采地乃為井田今此六遂之中鄭云一井之中出九夫之稅粟以為井田與例違者但鄉遂之中雖為溝洫法及其出稅亦為井田稅之是以小司徒職云考夫屋注云夫三為屋屋三為井出地貢者三三相任是出地稅亦取井有九夫三三相保而稅之故以井言之云屋粟民有田不耕所罰三夫之稅粟閒粟閒民無職事者所出一夫之征粟者此並載師職文但彼云出夫家之征彼注云夫稅者百畮之稅家稅者出士徒車輦此經云粟無取於家征之義故略不言也

徵役

四時之徵令有常者以木鐸徇於市朝

凡四時之徵令有常者以木鐸徇於市朝徵令有常者謂田狩及正月命脩封疆二月命雷且發聲。朝直遥反下同。**疏**凡四至市朝。釋曰云凡四時徵令有常者鄉師各於其鄉内以木鐸警戒巡於市朝使民知之。注徵令至發聲。釋曰徵令有常者謂田狩春蒐夏苗秋獮冬狩四時田獵獨言狩者略舉冬言之云及正月命脩封疆者案月令孟春之月命脩封疆謂田之界分也云二月命雷且發聲者案月令仲春之月先雷三日奮木鐸以令兆民曰雷將發聲有不戒其容止者生子不備必有凶災言此等政令皆有常時故引之以證徵令有常者也

（地官鄉師）

田賦

魏文侯時西門豹爲鄴令有令名師古曰有善政之稱至文侯曾孫襄王時與羣臣飲酒王爲羣臣祝曰令吾臣皆如西門豹之爲人臣也史起進曰魏氏之行田也以百畝師古曰賦田之法一夫百畝也鄴獨二百畝是田惡也漳水在其旁西門豹不知用是不智也知而不興是不仁也仁智豹未之盡何足法也於是以史起爲鄴令遂引漳水溉鄴以富魏之河內民歌之曰鄴有賢令兮爲史公決漳水兮灌鄴旁終古舃鹵兮生稻粱蘇林曰終古猶言久古也爾雅曰鹵鹹苦也師古曰舄卽斥鹵也謂鹹鹵之地也

田制

陳涉世家第十八

索隱勝立數月而死無後亦稱系家者以其所遣王侯將相竟滅秦爲首事故也然時因擾攘起自匹夫假託妖祥一朝稱楚歷年不永勳業蔑如繼之齊魯曾何等級可降爲列傳

陳勝者陽城人也字涉索隱韋昭云陽城屬潁川地理志屬汝南不同者按郡縣之名隨代分割蓋陽城舊屬汝南史遷云今爲汝陰後又分隸潁川韋昭據以爲說故其不同他皆放此正義即河南陽城縣也

吳廣者陽夏人也字叔索隱夏音賈韋昭云淮陽縣後屬陳正義括地志云陳州太康縣本漢陽夏縣也陳涉少時嘗與人傭耕索隱廣雅云傭役也謂役力而受雇直也輟耕之壟上悵恨久之曰苟富貴無相忘傭者笑而應曰若爲傭耕何富貴也陳涉太息曰嗟乎燕雀安知鴻鵠之志哉索隱尸子

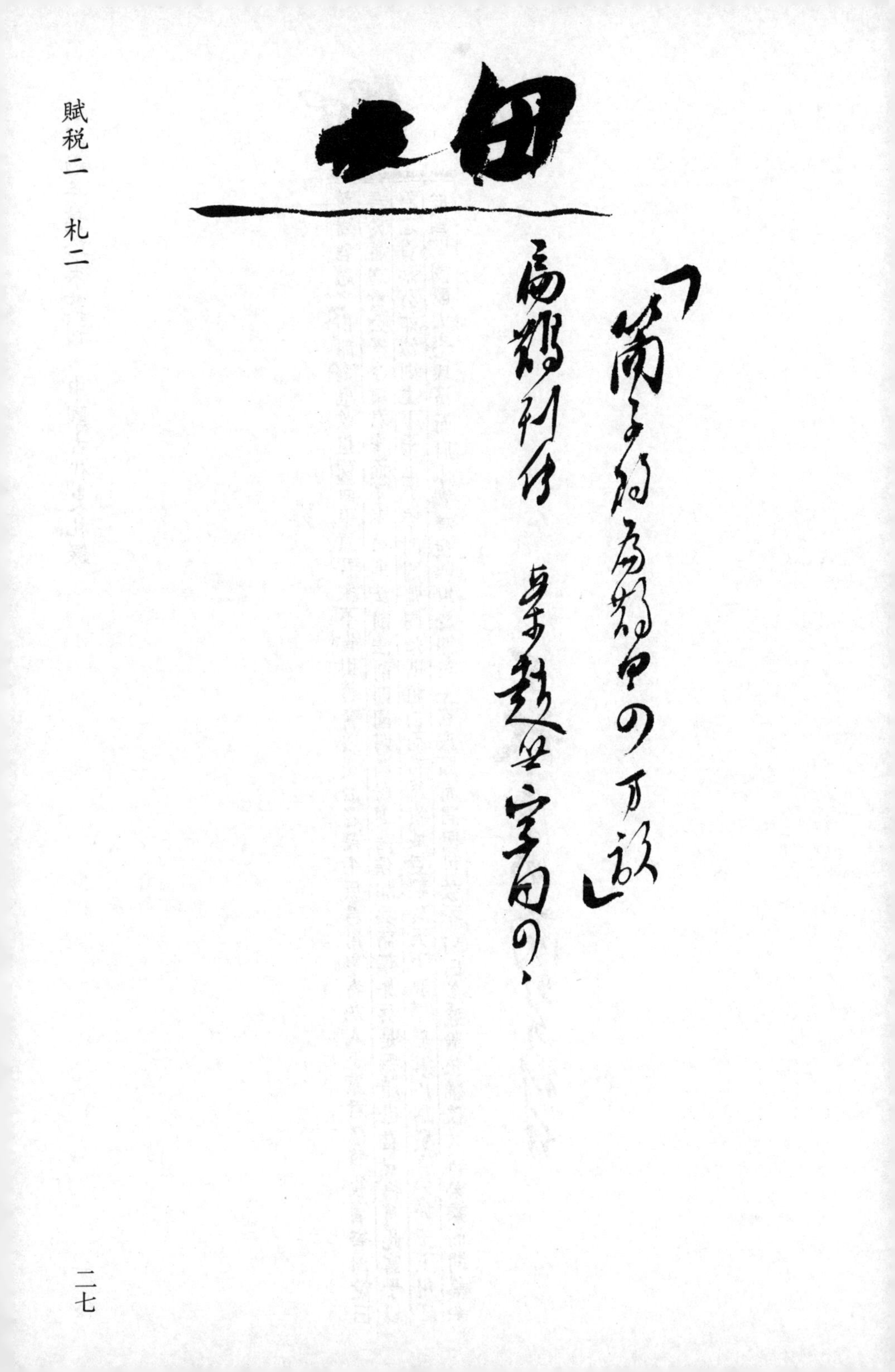

[illegible]

[illegible]

田賦

趙奢者趙之田部吏也收租稅而平原君家不肯出趙奢以法治之殺平原君用事者九人平原君怒將殺奢奢因說曰君於趙爲貴公子今縱君家而不奉公則法削法削則國弱國弱則諸侯加兵諸侯加兵是無趙也君安得有此富乎以君之貴奉公如法則上下平上下平則國彊國彊則趙固而君爲貴戚豈輕於天下邪平原君以爲賢言之於王王用之治國賦國賦大平民富而府庫實秦伐韓軍於閼與王召廉頗而問曰可救不對曰道遠險狹難救又召樂乘而問焉樂

史記廉頗藺相如列傳

田賦

買田宅

廣州尚有分期付款辦每方按多用田足五兩納全官給契據

家多有錢俟到田宅可買時買之

史記孟嘗君列傳為田嬰所附封得為饒稅乎

制田

共田之利

為五千頃去万頃

實之以桑

82

30

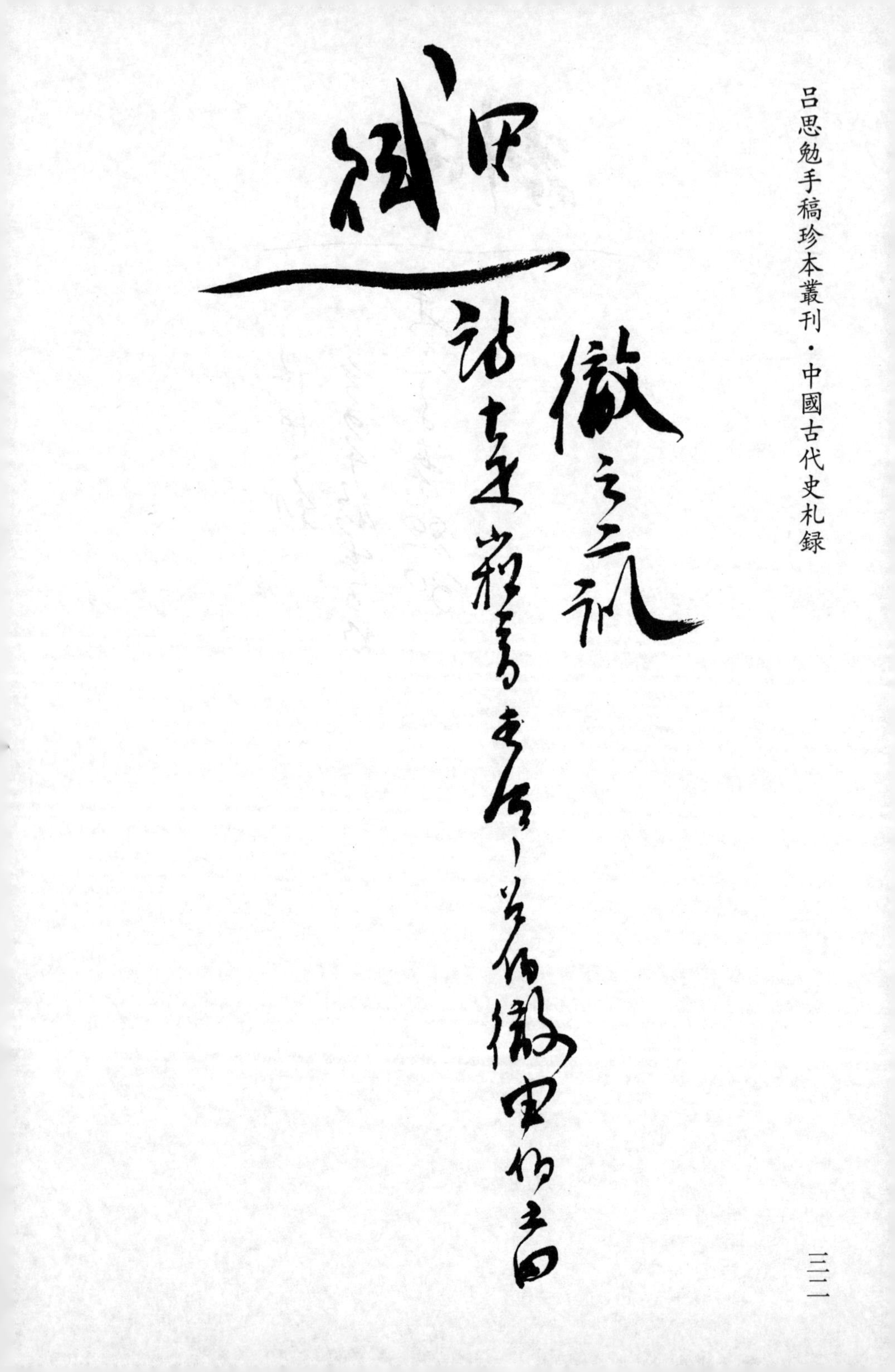

田賦

○是月也天氣下降地氣上騰天地和同草木萌動此陽氣蒸達可耕之候也農書曰土長冒橛陳根可拔耕者急發○上時掌反注土上同萌莫耕反蒸音證又之烝反冒莫報反覆也橛求月反王命布農事命田舍東郊皆脩封疆審端經術田謂田畯主農之官也舍東郊順時氣而居以命其事也封疆田首之分職術周禮作遂夫間有遂遂上有徑遂小溝也步道曰徑今尚書曰分命義仲宅嵎夷也○疆居良反注皆同徑術古定反注同術依注音遂畯音俊分扶問反嵎音愚善相丘陵阪險原隰土地所宜五穀所殖以教道民必躬親之相視也○阪險上音反又蒲版反下許檢反道音導田事既飭先定準直農乃不惑說所以命國舍東郊之意也準直謂封疆徑遂也夏小正曰農率均田○飭音敕率所類反謂田正

疏天氣至不惑○正義曰此一節論少陽之月務其始生故既耕之後當勸農事各依文解之○天氣下降者天地之氣謂之陰陽一年之中或升或降故聖人作象各分爲六爻以象十二月陽氣之升從十一月爲始陽氣漸升陰氣漸下至四月六陽皆升六陰皆伏至五月一陰初升陰氣漸升陽氣漸伏至十月六陰盡升六陽盡伏然則天氣下降地氣上騰五月至十月也地氣下降天氣上騰十一月至四月也今正月云天氣下降地氣上騰者陽氣五月之時爲陰從下起上嚮排陽氣第六陽氣上極反退至十月之時六陽退盡皆伏於下至十一月陽之一爻始動地中至十二月陽漸升陽尚微未能生物之極正月三陽既上成爲乾卦乾體在下三陰爲坤坤體在上乾爲天坤爲地今天居地下故云天氣下降地在天上故云地氣上騰是陽氣五月初降至正月爲天體而在坤下也十一月一陽初生而上

排陰陰之上六漸退反歸於下至四月陰爻伏盡六陽在上五月一陰生六月二陰生陰氣尙微成物未具七月三陰生而成坤體坤體在下三陽爲乾而體在上則是地氣在下天氣在上故正月爲泰泰通也天地交通七月爲否否塞也言天地隔塞所以十月云地氣下降天氣上騰者以十月之時純陰用事地體凝凍寒氣逼物地又在下故云地氣下降於時六陽從上退盡無復用事天體在上不近於物似若陽歸於天故云天氣上騰其實十月天氣反歸地下若審察於此不足可疑而劉洽氾闇皇侃之徒既不審知其理又不能定其旨趣諠諠撓撓亦無取焉○注此陽至急發○正義曰經云天氣下降注陽氣蒸達又似陽氣上升者以陽氣從五月下降至十一月從下初升至正月始成乾體而在三陰之

十三經注疏 禮記十四 月令 六

下故云天氣下降其實於時陽從地中升也引農書曰下者按漢書藝文志農書有九家百一十四篇神農二十篇野老十七篇宰氏十七篇董安國十六篇尹都尉十四篇趙氏五篇鄭庶引農書勝之十八篇王氏六篇蔡癸一篇鄭所引農書先師以爲氾勝之書也漢書注氾音汎成帝時爲議郎使教田三輔也土長冒橛者謂置橛以候土土長冒橛陳根朽爛可拔而去之耕者急速開發其地也○王命至徑術○於是春氣既和王命羣官分布檢校農之事命遣田畯官舍於郊之上令農夫皆脩理地之封疆審正田之徑路及田之溝洫故云審端徑術○注田謂至嵎夷○正義曰知田謂田畯者以經云命田田是受之人詩云田畯至喜故知田謂田畯云舍東郊順時氣而居者以其耕作歲時之氣起於東方爲始故令田畯舍國之東郊以命其事其諸侯都邑田畯各舍國邑之東郊也云封疆田首之分職者封疆則九夫爲井四井爲邑各有封境界域部分職掌也云術周禮作遂以田農之事無稱術者術遂聲相近故疑術爲遂學記云術有序義同於此云夫間有遂遂上有徑者遂人職文按匠人云廣二尺深二尺遂小溝也步道曰徑遂人職云徑容牛馬云今尙書曰分命羲仲宅嵎夷者證命田畯舍東郊之事云今尙書者尙書有古有今壁裹所得膠東庸生所傳者謂之古文尙書晁錯所受伏生二十九篇夏侯歐陽所傳者謂之今文尙書鄭據而引之故云今尙書○田事至不惑○作記之人解說天子所以命田畯舍於東郊者欲明其政理田事若田事既能正又先定其封疆徑遂以勸農夫農夫知田事先後審疆界畔域乃不有疑惑○注準直至均田○正義曰準謂輕重平均直謂繩墨得中也封疆有界限徑遂有闊狹皆先平均正直之故云準直謂封疆徑遂云夏小正曰農率均田者夏小正是大戴禮篇也農率則田畯也均田則審端徑遂也

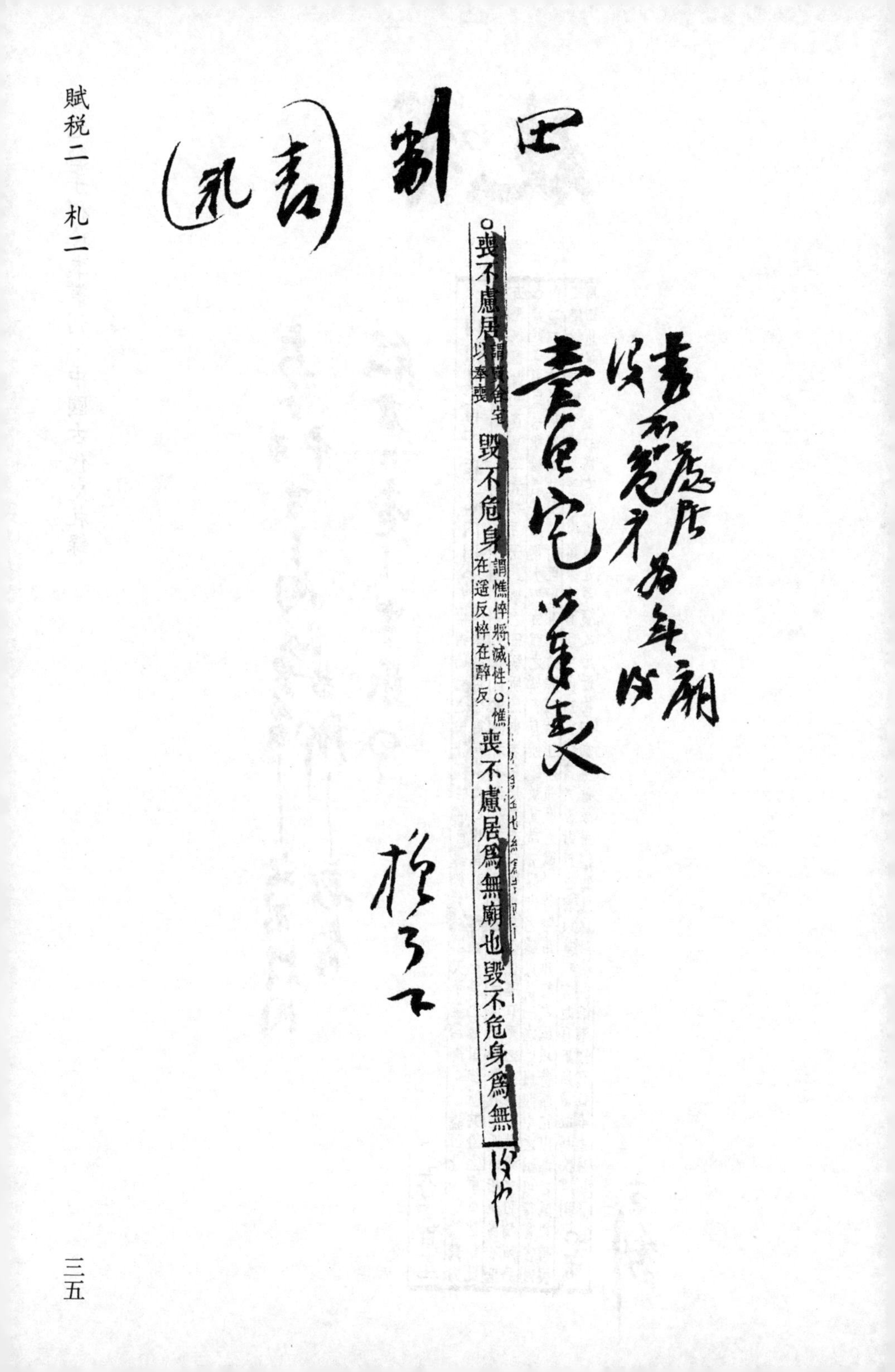

田制

書札

○喪不慮居謂賣舍宅以奉喪　毁不危身謂憔悴將滅性○憔在遥反悴在醉反　喪不慮居爲無廟也毁不危身爲無

天子百里以共官——文書財用
千里以爲御——衣食
殷者口率出泉乎

○天子百里之內以共官千里之內以爲御謂此地之田稅所給也官謂其文書財用也御謂衣食○共音恭疏天子至爲御○正義曰此一節論畿內千里之地田稅所共給之事○注謂此至衣食○正義曰經云百里之內者謂去王城百里四面相距則二百里經云千里之內以爲御者謂四面相距爲千里去王城四面五百里二者相互云此地之田稅所給也者依周禮有口率出泉恐此是口率之泉故云此地之田稅所給也知非口率出泉所給者按周禮大府九賦之泉各有所給故其職云關市之賦以待王之膳服邦中之賦以待賓客四郊之賦以待稍秣家削之賦以待匪頒邦甸之賦以待工事邦縣之賦以待幣帛邦都之賦以待祭祀山澤之賦以待喪紀幣餘之賦以待賜予是口率出泉各有所用也知官謂其文書財用也者以其稱官是官府所須故爲文書財用御是進御所須故爲衣食但官是卑褻故用近物御爲尊重故用遠物此爲殷法也但未知有口率出泉以否○天

王制

曾孫之稼，如茨如梁。曾孫之庾，如坻如京。茨，積也。梁，車梁也。京，高丘也。箋云：稼，禾也，謂有藁者也。茨，屋蓋也。上古之税法，近者納總，遠者納粟米。庾，露積穀也。坻，水中之高地也。○茨，徐私反。庾，羊主反。坻，直基反。積，如字，又子賜反，下皆同。藁，古老反。總，作孔反。

乃求千斯倉，乃求萬斯箱。箋云：成王見禾穀之税委積之多，於是求千倉以處之，萬車以載之，是言年豐收入踰前也。○委積，如字，又於僞反。年收，手又反，又如字。

黍稷稻粱，農夫之慶。報以介福，萬壽無疆。箋云：慶，賜也。年豐則勞賜農夫益厚，既有黍稷，加以稻粱。報者，爲之求福助於八蜡之神，萬壽無疆竟也。○疆，居良反。竟，如字。

【疏】曾孫至無疆。○毛以爲上言曾孫之親循畎畝，此言税穫之多。曾孫成王所税得禾穀之稼，其積聚高大，如屋茨，如車梁也。曾孫成王所税得米粟之庾，其唯高大，如渚坻，如丘京也。成王既見禾稼之積、粟庾之多，於是乃求千倉以處其庾也，乃求萬箱以載其稼也。以其收入踰前，故求倉廩車箱以載置之。喜其收穫之廣，愍念農夫之勤，故以黍稷稻粱爲農夫之慶，謂黨正飲酒，加其饌食以稻粱也。非直勞而息之，又爲之求福於八蜡之神，而報我農夫以大大之福，使之得萬年之壽，無有疆境。令幽王不能然，故刺之也。二斯皆爲語助。○鄭唯以介爲助，餘同。○傳茨積至高丘。○正義曰：墨子稱茅茨不翦，謂以茅覆屋，故箋以茨爲屋蓋。傳言茨積，非訓茨爲積也，言其積聚高大如屋茨耳，其意與箋同也。孟子十二月車梁成，梁謂水上横橋，橋有廣狹，得容車渡則高廣者也，故以比禾積。釋丘云：絶高爲之京。是京，高丘也。○箋稼禾至高地。○正義曰：庾是平地委粟，而與稼相對，則知稼有藁草矣，故云稼，禾稼，謂有藁者也。此言曾孫所有，則是税而得之，而有庾稼二種，明是税有兩法，故言古之税法，近者納總，謂并禾稼納之；遠者納粟米，謂路遠者唯納粟，又遠者唯納米，以運輸爲難，故輕之也。此文稼庾相對，而下言千倉萬箱，是箱以載稼，倉以納庾，故知庾，露地積穀也。釋水云：水中可居者曰洲，小洲曰渚，小渚曰沚，小沚曰坻。是水中之高地也。此言禾庾，當在畿内。若畿外，則采取美物以當邦賦，不入穀矣。畿内雖用貢法，亦校其歲以爲率，依税法，近郊十一，遠郊二十而三，甸稍縣都無過十二，以禾及米貢入於王。掌客有芻薪倍禾之言，是明周法有禾稼之税矣。禹貢有納銍、納秸，周之有無，無以言也。依禹貢云：五百里甸服，百里賦納總，二百里納銍，三百里秸服，四百里粟，五百里米。注云：甸服者，堯制，賦其田使入穀。禹彌其外，百里者賦入總，謂入刈禾也。二百里銍，銍，斷去藁也。三百里秸，秸又云穎也。四百里入粟，五百里入米者，遠彌輕也。甸服之制，本自納總，禹爲之差，使百里者從之耳。以此言之，有輕遠之法，故爲近者納總，遠者粟米。既無銍秸之文，不知遠近以何爲差也。若然，後世之役，宜繁於上代，周止千里納穀，唐虞則彌其外五百里，爲方二千里，是方千里者四，納穀多於周者，唐虞萬國諸侯，歲朝其用，或費於後代，故納穀多也。又鄭志荅趙商云：畿内四百國，則周郊内亦封諸侯矣。於周法十國而入其一於天子，然則雖千里者四，其税猶少於周，故使方二千里入粟米，世代不同，故異法也。○箋年豐至疆竟。○正義曰：特牲、少牢之祭皆無稻粱，此特言黍稷稻粱，故知勞賜農夫加以稻粱也。報者，自神之辭，明求神而得報，爲農夫之求神，唯蜡祭耳，故云爲之求助於八蜡之神。以祭有尸祝，故云萬壽無疆，竟爲得福之辭，與三章互相成也。蜡在息農夫前，而後言之者，以祭者雖在前，而福慶是將來之事，故後言之以結篇也。定本疆境字作竟。

上古之税法　納總納粟米與周之異

采芑 薄言采芑于彼新田于此菑畝 傳田一歲曰菑二歲曰新田三歲曰畬

○傳采芑至用之。○正義曰陸機疏云采芑似苦菜也莖青白色摘其葉白汁出肥可生食亦可烝為茹青州人謂之芑西河鴈門芑尤美胡人戀之不出塞是也一歲曰菑二歲曰新田三歲曰畬釋地文菑者災也畬和柔之意故孫炎曰菑始災殺其草木也新田新成柔田也畬和也田舒緩也郭璞曰今江東呼初耕地反草爲菑是也臣工傳及易注皆與此同雅坊記注云二歲曰畬三歲曰新田坊記引易之文其注理不異當是轉寫誤也田耕二歲新成柔田采必於新田者新美其菜然後采之故以喻宣王新美天下之士然後用之也箋解菜之新田耕其田土所以得其新美者正謂和治其家救其飢之養育其身不妄征役也二歲曰新田可言美菑始一歲亦言於此菑畝者菑對未耕亦爲新也且菑殺草之名雖二歲之後耕而殺草亦名爲菑也鄭謂菑南畝爲耕田是柔田之耕亦爲菑也于此菑畝文在新田之下未必一歲之田也

賦役

場圃　宮功

九月築場圃春夏爲圃秋冬爲場箋云場圃同地自物生之時耕治之以種菜茹至物盡成熟築堅以爲場。場直羊反下同本又作塲塲依字失陽反今亦宜直羊反圃布古反一音布茹如豫反十月納禾稼黍稷重穋禾麻菽麥後熟曰重先熟曰穋箋云納內也治於場而內之囷倉也。重直容反注同先種後熟曰重又作種音同說文云禾邊作重是重穋之字禾邊作童是種蓺之字今人亂之已久穋音六本又作稑音同說文云稑或從翏後種先熟曰稑囷丘倫反嗟我農夫我稼既同上入執宮功入爲上出爲下箋云既同言已聚也可以上入都邑之宅治宮中之事矣於是時男之野功畢。上時掌反注同晝爾于茅宵爾索綯宵夜綯絞也箋云爾女也女當晝日往取茅歸夜作絞索以待時用。索素落反綯徒刀反絞古卯反亟其乘屋其始播百穀乘升也箋云亟急乘治也七月定星將中急當治野廬之屋其始播百穀謂祈來年百穀于公社。亟紀力反定都佞反

疏九月至百穀。毛以爲此章說農夫作事之終故言九月之時築場於圃之中以治穀也十月之中納禾稼之所收穫者黍稷重穋禾麻菽麥之等納之於囷倉之中粟旣納倉則農事畢了民嗟乎我農夫之等我之稼穡既已積聚矣野中無事可以上入都邑之宅執治於宮中之事宮中所治當是何事卽相謂云晝日爾當往取茅草夜中爾當作索綯以待明年蠶用也汝又當急其升上野廬之屋而脩治之以待耘耔之時所以止息豳公又其始爲民播種百穀之故而祈祭社稷田事不久故豫脩廬舍美農人趨時也。鄭唯以乘爲治謂急治野屋爲異餘同。傳春夏至爲場。正義曰地官載師云場圃在園地注云圃樹果蓏之屬季秋於中爲場樊圃謂之園然則園者外畔藩籬之名其內之地種樹菜果則謂之圃蹂踐禾稼則謂之場故春夏爲圃秋冬爲場東山云町畽鹿場是謂蹂踐之名箋云種菜茹者烝民云柔亦不茹茹者啗嚼之名以爲菜之別稱故書傳謂菜爲茹。傳後熟至曰穋。正義曰後熟者先種之先熟者後種之故天官內宰鄭司農云先種後熟謂之重後種先熟謂之穋相傳爲然無正文也。箋納內至囷倉。正義曰宅在都田在野上言場此言納故知納是治於場而內於倉也苗生旣秀謂之禾種殖諸穀名爲稼禾稼者苗幹之名此言納禾稼謂納於場但旣言治於場遂內於倉下句唯言旣同不見納倉之事故箋連言之耳禾稼禾麻再言禾者以禾是大名也徒黍稷重穋四種而已其餘稻秫苽粱之輩皆名爲禾麻與菽麥則無禾稱故於麻麥之上更言禾字以總諸禾也此文所不見者明其皆納之也。箋旣同至功畢。正義曰旣納囷倉已是聚矣言治宮中之事則是訓功爲事經當云執於宮公本或公在宮上誤耳今定本云執宮功不爲公字於是男之野功畢宮內之事則未畢故入之執於宮功。傳綯絞。正義曰釋言文李巡曰綯繩之絞也。傳乘升。正義曰乘車是升其上其乘屋亦升其上故爲升也。箋亟急至公社。正義曰亟急釋言文以民治屋不應直言升上而已故易傳以乘爲治下句言其始播百穀則乘屋亦爲田事且上云塞向墐戶是都邑之屋故知此所治屋者民治野廬之屋也播種百穀乃是明年之事今於十月之中則是預有所營與播種者爲始與穀爲始不過祈祭社稷故知其始播百穀祈來年百穀於公社治屋者民自治之祭社者則公爲之祭非祭也所以二句得相成者以民所以治屋者見公家祭社爲祈來年播種百穀故民亦治屋爲來年鋤耘而止舍月令孟冬天子乃祈來年於天宗大割牲祠于公社及門閭臘先祖五祀注云此周禮所謂蜡也天宗謂日月星辰大割大殺羣牲割之臘謂以田獵所得禽祭五祀門戶中霤竈行或言祈年或言大割牲或言臘互文是十月之時爲民祈來年百穀也月令天子之事故云祈於天宗此陳豳公之政指言公社以諸侯之事不得祭天故也

田制

魏國削小民田不能百畝

十畝之閒刺時也言其國削小民無所居焉。畝莫后反古作晦俗作畝皆同。疏十畝之閒二章章三句至居焉。正義曰經二章皆言十畝一夫之分不能百畝是爲削小無所居謂土田陿隘不足耕墾以居生非謂無居宅也

十畝之閒兮桑者閑閑兮閑閑然男女無別往來之貌箋云古者一夫百畝今十畝之閒往來者閑閑然削小之甚。閒閒音閑本亦作閑別彼列反。行與子還兮或行來者或來還者。還本亦作旋疏十畝至還兮。正義曰魏地陿隘一夫不能百畝今纔在十畝之閒采桑者閑閑然或男或女共在其閒往來無別也又敘其往者之辭乃相謂曰行與子俱迴還兮雖則異家得往來俱行是其削小之甚也。傳閑閑至之貌。正義曰此言之閒則一家之人共采桑於其閒地陿隘無所相避故言男女無別閑閑然爲往來之貌此章既言之閒故下章言之外地傍徑路行非一家故言泄泄爲多人之貌。箋古者至之甚。正義曰王制云制農田百畝地官遂人云夫一廛田百畝司馬法曰畝百爲夫是一夫百畝也此言其正法耳周禮上地家百畝中地家二百畝下地家三百畝又云遂上地有萊五十畝其廢易相通皆二百畝也孟子曰五畝之宅樹之以桑則野田不樹桑漢書食貨志云田中不得有樹用妨五穀此十畝之中言有桑者孟子及漢志言其大法耳民之所便雖田亦樹桑故上云彼汾一方言采其桑古者侵其地而虜其民此得地陿民稠者以民有畏寇而內入故地陿也一夫百畝今此十畝相率十倍魏雖削小未必即然舉十畝以喻其陿隘耳。傳或行來者或來還者。正義曰云還兮相呼而共歸下云逝兮相呼而共往傳探下章之意故云或行來者或來還者見往來相須故摠解之。

十畝之外兮桑者泄泄兮泄泄多人之皃。泄以世反。行與子逝兮箋云逝逮也。逮徒賚反又徒帝反

田賦

爰田

恐國人不從故先賞之於朝且告之曰孤雖歸辱社稷矣其卜貳圉也貳代也圉惠公大子懷公衆皆哭哀君不還國晉於是乎

作爰田分公田之稅應入公者爰之於所賞之衆○爰于元反

疏作爰田○正義曰服虔孔晁皆云爰易也賞衆以田易其疆畔杜言爰之於所賞之衆則亦以爰爲易謂舊入公者今改易與所賞之衆

傳文

税畝

井田借法也此條合鄭言井 杜又非鄭

初税畝非禮也穀出不過藉周法民耕百畝公田十畝借民力而治之税不過此以豐財也疏初税至財也○正義曰藉者借也民之田穀出共公者不過取所借之田欲以豐民之財故不多税也既譏其税畝言非禮乃舉正禮言穀出不過藉則知所税畝者是藉外更税故杜氏爲十一外更十取一且以哀公之言驗之知十二而税自此始也

宣十五

田制

取賞田則無賦

成七

○楚圍宋之役（在宣十四年。）師還子重請取於申呂以爲賞田王許之（分申呂之田以自賞）申公巫臣曰不可此申呂所以邑也是以爲賦以御北方若取之是無申呂也（言申呂賴此田成邑耳不得此田則无以出兵賦而二邑壞也。所以邑也一本作所邑也御魚呂反。）晉鄭必至于漢王乃止子重是以怨巫臣子反欲取夏姬巫臣止之遂取以行子反亦怨之及共王即位（楚共王以魯成公元年即位。共音恭。）子重子反殺巫臣之族子閻子蕩及清尹弗忌（皆巫臣之族。閻音鹽。）及襄老之子黑要（以夏姬故并怨黑要。要一遥反。）而分其室子重取子閻之室使沈尹與王子罷分子蕩之室子反取黑要與清尹之室

井田

田洫——以正封疆

左襄十初子駟為田洫

[illegible]

田制

古代之土地所有權

貢助徹

先秦政治思想史46至94葉

附二

春秋初税畝用田賦釋義

先秦政治思想史93頁

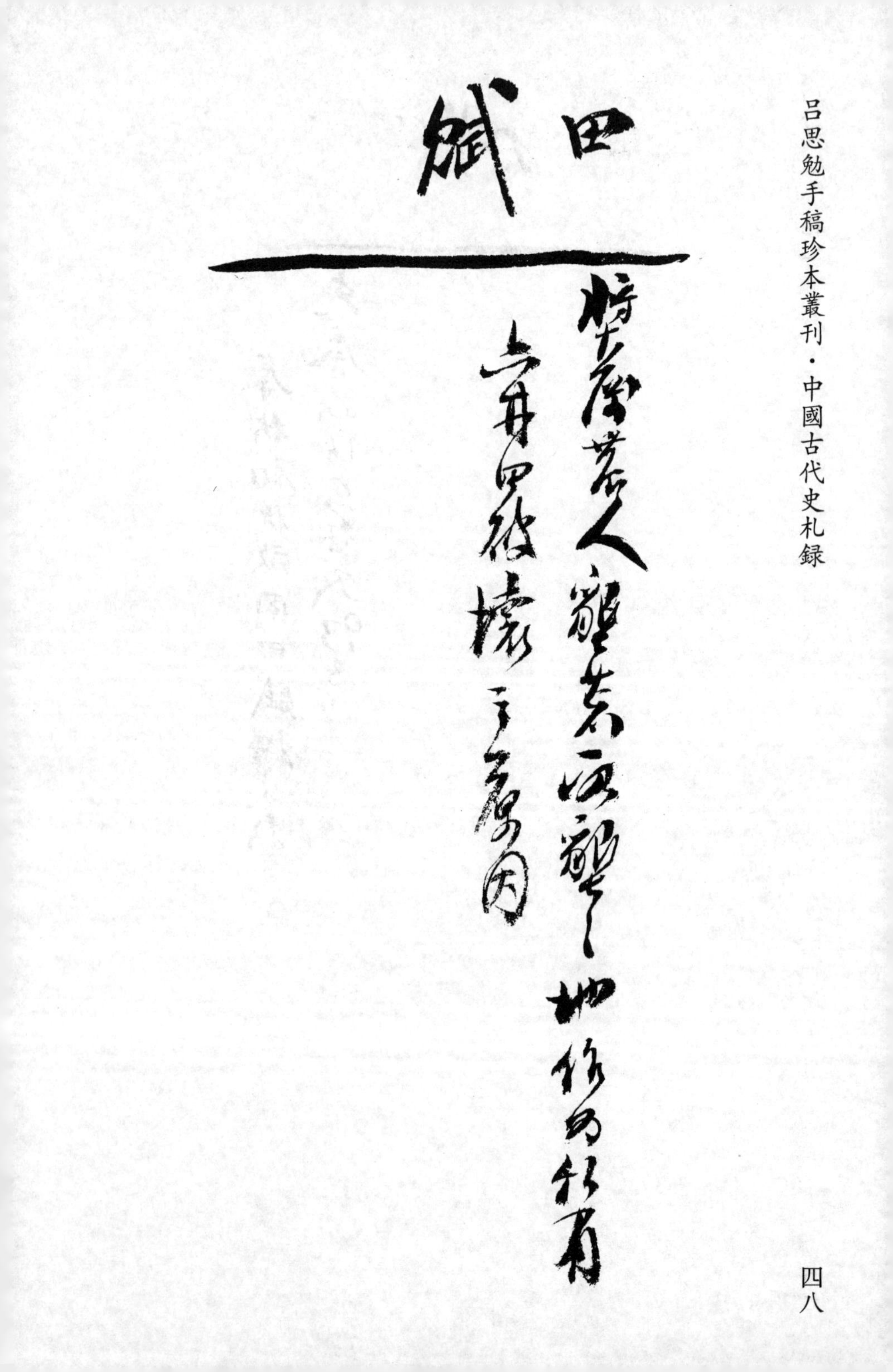

田賦

[illegible]

[illegible]

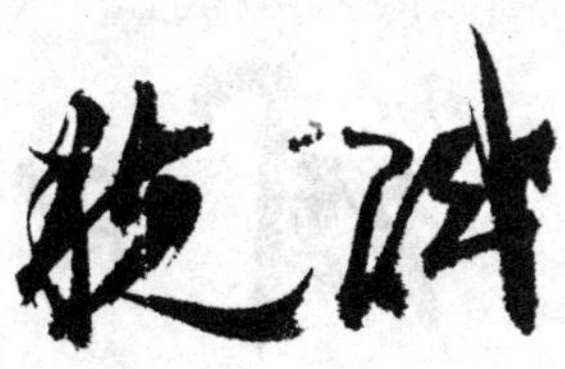

以土均之法辨五物九等制天下之地征以作民
職—九職—以令地貢—九貢—稅—以
斂財賦—九賦斂財賄中兼有軍賦

以土均之灋辨五物九等制天下之地
征以作民職以令地貢以斂財賦以均齊天下之政　均平也五物五地之物也九等騂剛赤緹之屬征稅也民職民九職也地貢貢地所生謂九穀財謂泉穀賦謂九賦及軍賦○騂雖營反緹音低

疏　以土至之政○釋曰以土均之法辨五物者即上山林川澤之等是也云九等者據五地之內分爲九等之地騂剛赤緹之屬其種所宜不同也云制天下之地征者言天下則幷畿外邦國所稅入天子而言也此地征與下爲目也以作民職者民有職業乃可稅之云以令地貢者地貢即九職之稅也云以斂財賦者斂財即大宰九賦斂財賄一也旣言財又別言賦者欲見財旣爲九賦斂財賄中又兼有軍賦故財賦殊言之云以均齊天下之政者大司徒以法均齊之天下皆使依法故云均齊天下之政也○注均平至軍賦○釋曰九等知是騂剛之屬者但地或云十等或云五地或云十二土皆無云九等者案草人職云騂剛赤緹之屬有九等皆是地勢所宜糞種之法故鄭以騂剛赤緹之屬解之云地貢貢地所生謂九穀者案大宰以九職任萬民即云一曰三農生九穀此經云以作民職爲九職即云令地貢明貢是九穀可知云財謂泉穀者案大宰云以九賦斂財賄彼注亦云財泉穀則以泉穀當賦泉之數也云賦謂九賦及軍賦者以經云財賦不得爲一事解之今鄭以賦爲軍賦者則賦中兼軍賦謂甲士三人步卒七十二人之等

田賦

鄭邦之田其致四邦之田十頃

并子讀書第九下謹案高節

田制

來諭

特用外借居下要文並案可據撤去諭也　領廣城田畝

此者伏查開墾舊志之年所撤之諭　是據田賦畝

此外亦舊未撤之諭

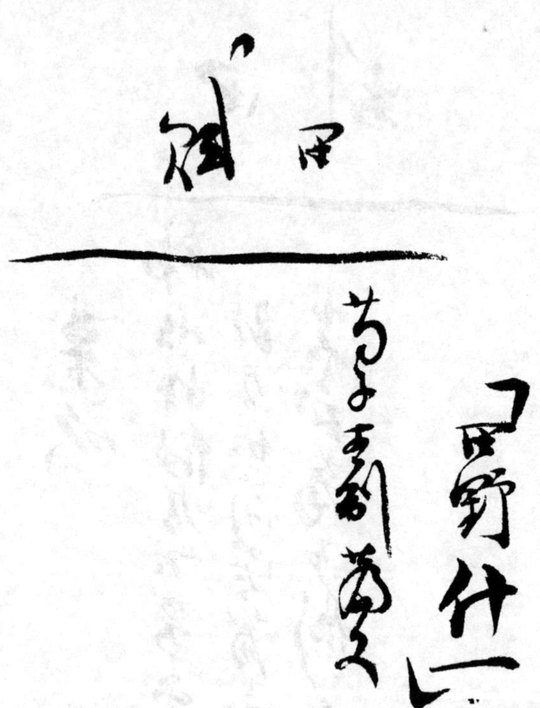

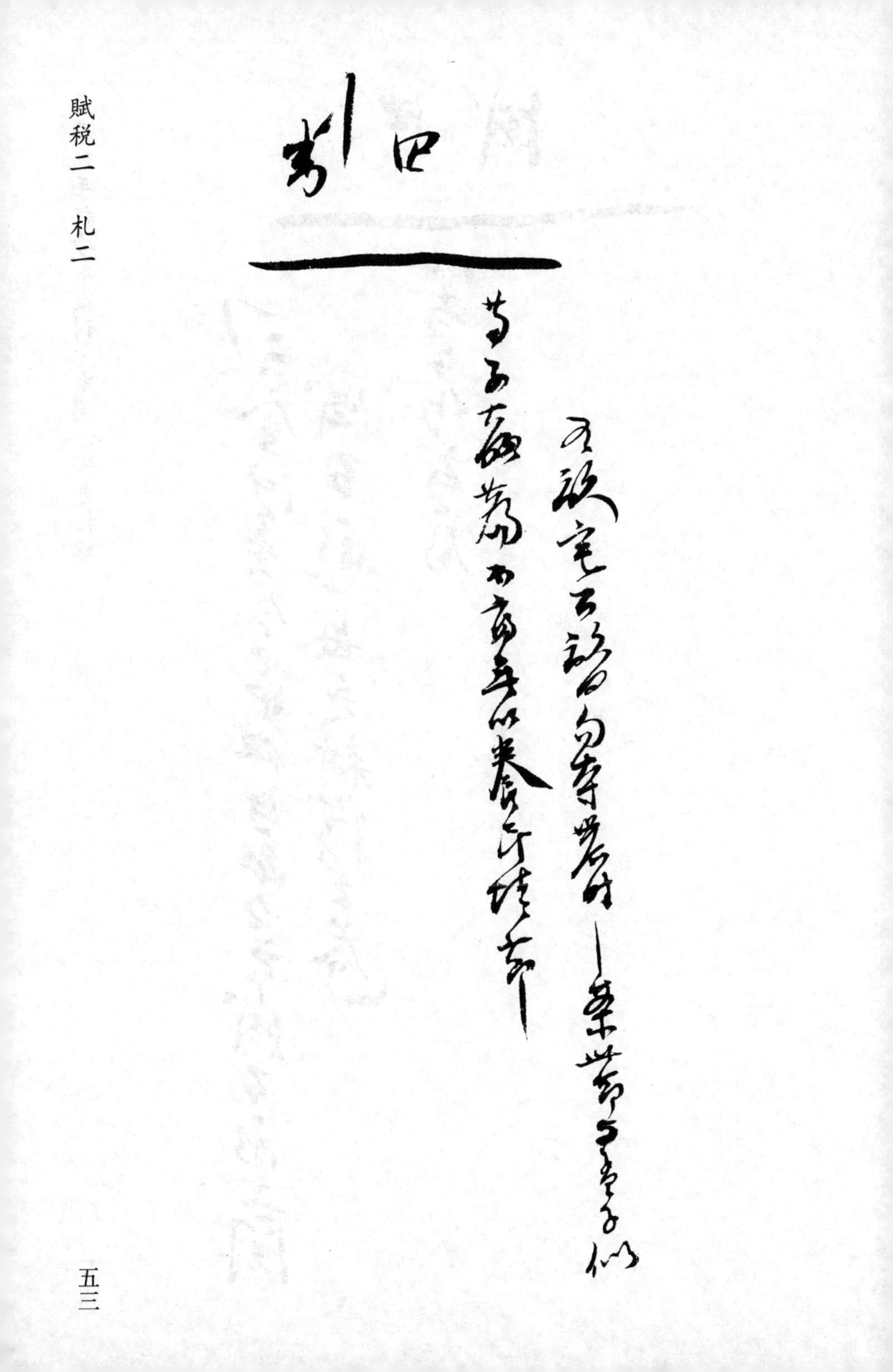

田賦

「三會諸侯，令曰：田租百取五，市賦百取二，關賦百取一，毋乏耕織之器。」

管子幼官篇

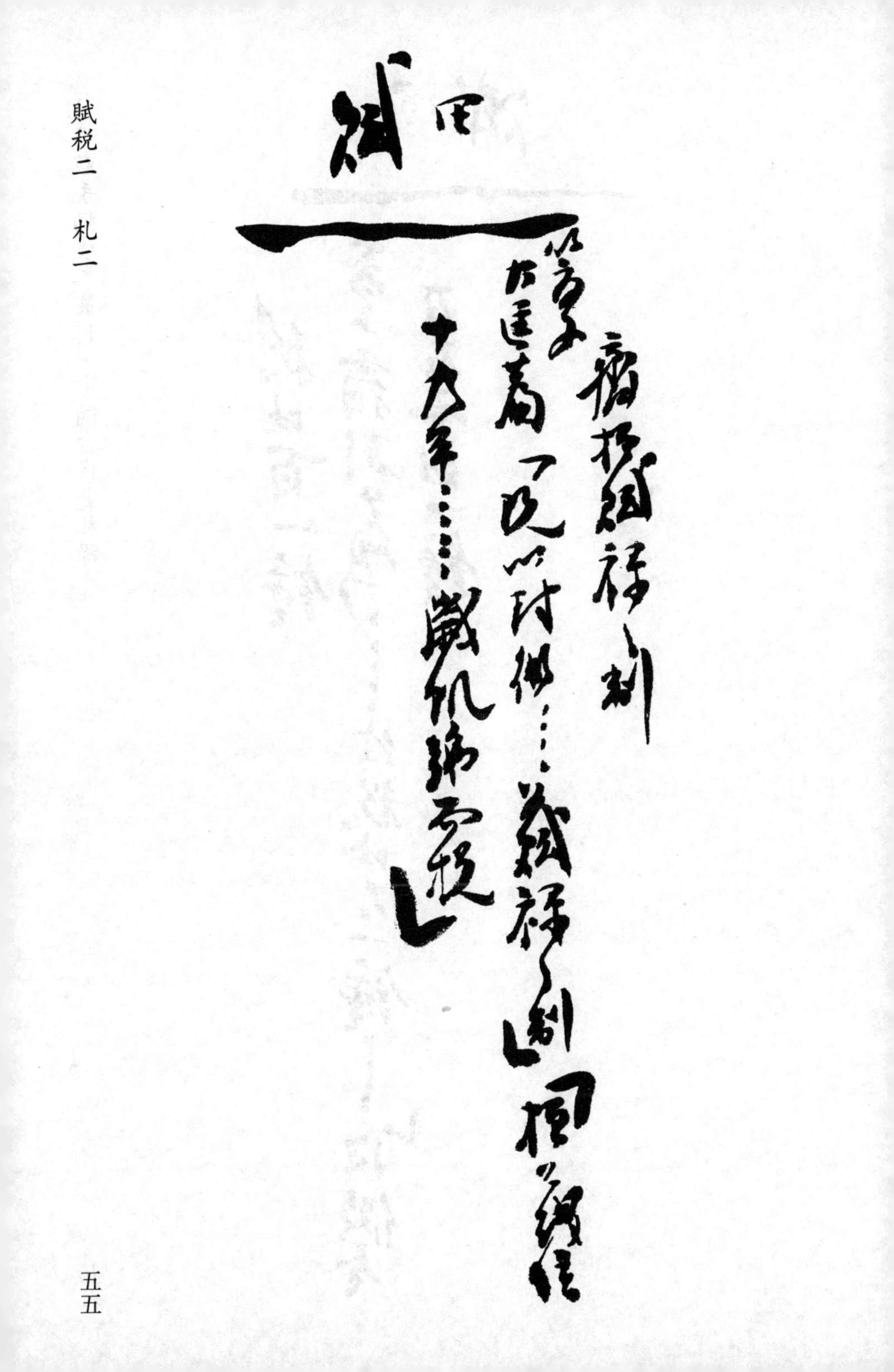

隋巳

穀廿百一鐘

菁霜所為任穀廿石一鐘任假令

百石益畝一鐘

一

処身熟於神之不平言協善る作廉や一
見一衣の神玉修廉

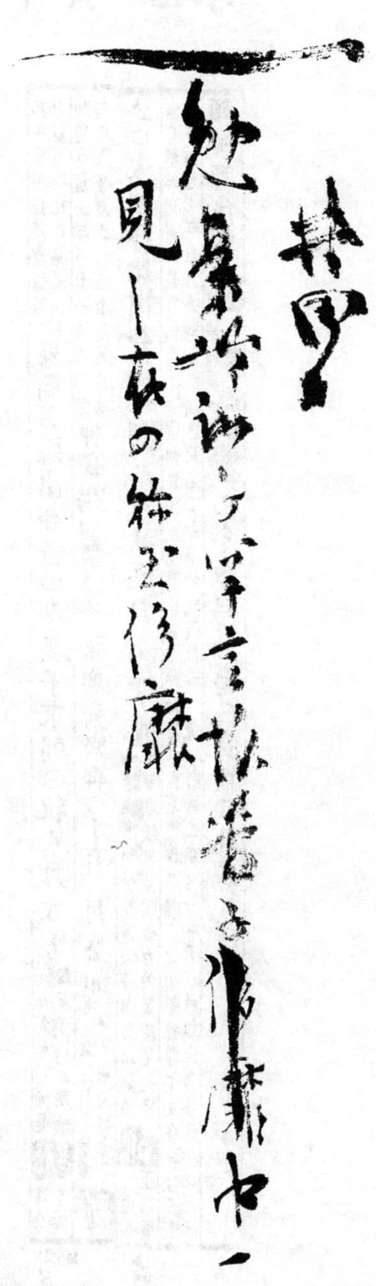

賦稅

豫賦

九年夏仲孫羯會晉荀盈以下城杞之屬是也○夏衞石惡出奔晉○邾婁子來朝○秋八月大雩公方久如楚先是豫賦于民之所致疏注公方久如楚○解云即下十一月公如楚二十九年夏五月公至自楚是也仲孫羯如晉○冬齊慶封來奔○十有一月公如楚如楚皆月者危公朝夷狄也疏

襄廿八

公○宋華合比出奔衞○比如字又毗志反○秋九月大雩先是季孫宿如晉是後叔弓與公比如楚有豫賦之煩也○賦斂力驗反或無此字疏注先是至之煩也○解云文當如是言先是季孫宿如晉即上文夏○季孫宿如晉是也言是後叔弓與公比如楚者即下文冬叔弓如楚七年三月公如楚故謂之比也二年事皆在後故云有豫賦之煩也亦有一本云叔弓如齊者誤○楚薳頗帥師伐吳疏楚薳頗○解云左氏穀梁作薳罷字○冬叔弓如楚○齊侯伐北燕

昭六

田制

使耕者東畝

齊侯使國佐如師怪師勝猶不解往問之郤克曰與我紀侯之甗齊襄公滅紀所得甗邑其土肥饒欲得之或說甗玉甑○甗音言又魚輦反又音彥邑也疏注齊襄公至甗邑○解云襄公滅紀者即莊四年夏紀侯大去其國是也正以繫紀侯言之故知紀邑而或說云甗玉甑者蓋以左傳云賂以紀甗玉磬又別言與地明甗是器名非地故以玉甑解之反魯衛之侵地使耕者東畝使耕者東西如晉道疏注使耕至晉地○解云蓋晉地谷川宜東畝者多故言此是以下傳云使耕東畝是則土齊也何氏云則晉悉以齊爲土地是不可行者是其晉東畝之義也舊云如者往也使齊東西其畝往來於晉地易非公羊意也且以蕭同姪子爲質見侮戲本由蕭同姪子○爲質音致下注及下同則吾舍子矣國佐曰與我紀侯之甗請諾反魯衛之侵地請諾使耕者東畝是則土齊也則晉悉以齊爲土地是不可行疏是則土齊○解云亦有一本云是則土齊曰不可也者○蕭同姪子者齊君之母也齊君之母猶晉君之母也不可言至尊不可爲質請戰如欲使耕者東西畝質齊君之母當請戰壹戰不勝請再再戰不勝請三言齊雖敗尚可三戰三戰不勝則齊國盡子之有也何必以蕭同姪子爲質揖而去之郤克眣。魯衛之使使以其辭而爲之請郤克恥傷其威故使魯衛大夫以國佐辭爲國佐請○眣音舜又王乙反又達結反之使所吏反爲之于僞反注皆同然後許之逮于袁婁而與之盟逮及也追及國佐于袁婁也傳極道此者本禍所由生因録國佐受命不受辭義可拒則拒可許則許一言使四國大夫汲追與之盟疏注因録國

公成二

鐵錢

載記傳城二十五之二、十六、二十五上、十三、十三

十五之伪姑十一 是乃依上記大戮

復禮堂文集卷五 異形輕重辯

田割

但界二字之義

請史作田山簡年號

匡 劉

都邑之數與地

伐檀胡取禾三百廛兮 釋文云本亦作一夫田百畝爲廛

受鄽邑之數之地若之[illegible]所壽之言見數之宅是

也

勉案此與鄽邑之說不合

田賦殘官

氏將爲難後竟有晉陽之患。僂素口反又作叟有知音智艾魚廢反又五蓋反初周人與范氏田公孫尨稅焉尨范氏臣爲范氏收周人所與田之稅。尨武江反稅始銳反爲于僞反下文爲其注同趙氏得而獻之得尨以獻簡子吏請殺之趙孟曰爲其主也何罪止而與之田還其所稅及鐵之戰以徒五百人宵攻鄭師取蠭旗於子姚之幕下獻曰請報主德追鄭師姚般公孫林殿而射前列多死晉前列。幕音莫姚般子姚子般殿丁電反射食亦反趙孟曰國無小言雖小國猶有善射者既戰簡子曰吾伏弢嘔血弢弓衣嘔吐也。弢吐刀反嘔本又作嘔烏口反吐他路反鼓音不衰今日我上也我功爲上大子曰吾救主於車退敵於下我右之上也

卷二

田賦一

税分九等

衍沃制井田原防别为小頃町

○楚蔿掩爲司馬蔿子馮之子子匠使庀賦庀治。庀四婢反疏注庀治。正義曰庀訓爲具而言治者以下說治賦之事治之使具故以庀爲治也數甲兵閱數甲午蔿掩書土田書土地之所宜度山林度量山林之材以共國用。度待洛反注及下注同共音恭鳩藪澤鳩聚也聚成藪澤使民不得焚燎壞之欲以備田獵之處。藪素口反燎力召反處昌慮反疏注鳩聚至之處。正義曰鳩聚釋詁文也釋地有十藪李巡曰藪澤之別名也周禮澤虞有大澤大藪小澤小藪鄭玄云澤水所鍾也水希曰藪其職云若大田獵則萊澤野是藪爲田獵之處或焚其草則散失澤藪之用故聚成使不得焚燎之也辨京陵辨別也絕高曰京大阜曰陵別之以爲冢墓之地。別彼列反下同疏注辨別至之地。正義曰釋丘云絕高爲之京非人爲之丘李巡曰丘高大者爲京也孫炎曰爲之人所作也則京爲丘類人力所作也釋地云大陸曰阜大阜曰陵李巡曰大陸謂土地高大名曰阜阜最大爲陵也檀弓稱趙文子與叔譽觀于九原觀晉諸大夫之墓也僖三十二年傳云

十三經注疏　春秋左傳三十六　襄公二十五年　四

殽有二陵焉其南陵夏后皋之墓也故知別丘陵以爲葬墓之地表淳鹵淳鹵埆薄之地表異輕其賦稅。淳音純鹵音魯說文鹵西方鹹也埆音學疏注淳鹵至賦稅。正義曰賈逵云淳鹹也說文云鹵西方鹹地也從西省象鹽形安定有鹵縣東方謂之斥西方謂之鹵呂氏春秋稱魏文侯時吳起爲鄴令引漳水以灌田民歌之曰決漳水以灌鄴旁終古斥鹵生稻粱是鹹薄之地名爲斥鹵禹貢云海濱廣斥是也淳鹵地薄收穫常少故表之輕其賦

稅**數疆潦**疆界有流潦者計數減其租入。疆居良反注同賈又其兩反潦音老

疏注疆界至租入。正義曰賈逵以疆爲疆檗墝埆之地鄭衆以爲疆界內有水潦者案周禮草人凡糞種疆檗用蕡鄭玄云疆檗疆堅者則疆地猶堪種植非水潦之類故從鄭衆之說數其疆界有水潦者計數減其租稅也孫毓讀爲疆潦注云砂礫之田也

規偃豬偃豬下濕之地規度其受水多少。偃於建反又一音如字豬陟魚反尚書傳云停水曰豬

疏注偃豬至多少。正義曰禹貢徐州大野旣豬孔安國云水所停曰豬檀弓云有弒其父者洿其宮而豬焉是豬者停水之名偃豬謂偃水爲豬故爲下溼之地規度其地受水多少得使田中之水注之

町原防廣平曰原防隄也隄防間地不得方正如井田別爲小頃町。町徒頂反隄丁兮反頃苦穎反

疏注廣平至頃町。正義曰廣平曰原釋地文李巡曰謂土地寬博而平正名曰原釋丘云墳大防孫炎曰謂隄也隄防之間或有平地不得平正以爲井田取其可耕之處別爲小頃町也說文云町田踐處曰町史遊急就篇云頃町界畝是町亦頃類故連言之也謂廣平爲原者因爾雅之文其實此原謂隄防之間也劉炫云廣平曰原土地寬平當與隰相配非是不得爲井田也釋地於陸阜陵阿之下云可食者曰原孫炎曰可食謂有井田也陸阿山田可種穀者亦曰原也謂彼陵阿之間可食之地非廣平也

牧隰皐隰皐水岸下濕爲芻牧之地。牧州牧之牧

疏注隰皐至之地。正義曰釋地云下溼曰隰李巡曰下溼謂土地窊下名爲隰也詩云鶴鳴于九皐毛鄭皆以皐爲澤之坎是皐爲水岸也下溼與水岸不任耕作故使牧牛馬於中以爲芻牧之地

井衍沃衍沃平美之地則如周禮制以爲井田六尺爲步步百爲畝畝百爲夫九夫爲井。衍以善反賈云下平曰衍有流曰沃

疏注衍沃至爲井。正義曰周禮大司徒以土會之法辨五地之物生四曰墳衍五曰原隰衍地高於原傳稱郇瑕氏之地沃饒魯語云沃土之民逸則衍沃俱是平美之地衍是高平而美者沃是下平而美者二者並是良田故如周禮之法制之以爲井田賈逵云下平曰衍有溉曰沃所指雖異俱謂良美之田也六尺爲步以下皆司馬法之文自度山林以下至此有九事賈逵以爲賦稅差品其注云山林之地九夫爲度九度而當一井也藪澤之地九夫爲鳩八鳩而當一井也京陵之地九夫爲辨七辨而當一井也淳鹵之地九夫爲表六表而當一井也疆潦之地九夫爲數五數而當一井也偃豬之地九夫爲規四規而當一井也原防之地九夫爲町三町而當一井也隰皐之地九夫爲牧二牧而當一井也衍沃之地畝百爲夫九夫爲井周禮小司徒云乃經土地而井牧其田野鄭玄云隰皐之地九夫爲牧二牧而當一井今造都鄙授民田有不易有一易有再易通率二而當一是之謂井牧是鄭賈同此說也案周禮所授民田不過再易唯有三當一耳不得以九當一也山林藪澤京陵偃豬本非可食之地不在授民之限雖九倍與之何以充稅而使之當一井也且以度鳩之等皆爲九夫之名經傳未有此目故杜不云其說

量入脩賦量九土之所入而治理其賦稅。量音良又音亮注同

疏注量入脩賦。正義曰量其九土所宜觀其收入多少乃準其所入脩其賦稅其九土之內偃豬京陵無物可入而言九土之所入者揔言之

賦車籍馬籍疏其毛色歲齒以備軍用

疏注賦車籍馬。正義曰賦與籍俱是稅也稅民之財使備車馬因車馬之異故別爲其文

賦車兵車兵甲士**徒卒**步卒。卒子忽反

疏賦車兵徒卒。正義曰車兵者甲士也徒兵者步卒也知非兵器者上云數甲兵下云甲楯之數故知此兵謂人也劉炫云兵者戰器車上甲士與步卒所執兵各異也司兵掌五兵鄭衆云五兵者戈殳戟酋矛夷矛又曰軍事建車之五兵鄭玄云車之五兵鄭司農所云者是也步卒之五兵無夷矛而有弓矢事或當然

甲楯之數使器杖有常數。楯食準反又音尹杖直亮反**旣成以授子木禮也**得治國之禮傳言楚之所以興。

○**十二月吳子諸樊伐楚以報舟師之役**舟師在二十四年也**門于巢**攻巢門**巢牛臣曰吳王勇而**

藩是也賦量也賦稅所以評量疏賦量也○釋曰謂賦稅也郭云賦稅所以評量方言云平均賦也燕之北鄙東齊北郊凡相賦斂謂之平均是評量也粻糧也今江東通言粻疏粻糧也○釋曰

謂粻食也郭云今江東通言粻王制云五十異粻庶侈也庶者衆多爲奢侈庶幸也庶幾僥倖疏庶侈也庶幸也○釋曰富庶者多奢侈郭云庶者衆多爲奢侈書曰祿不期侈庶又爲幸望郭云庶幾僥

爾疋 釋言

賦税

道藝

少儀

○問品味曰子亟食於某乎問道藝曰子習於某乎子善於某乎不斥人謙也道三德三行也藝六藝。某音母行下孟反

疏 問品至某乎。正義曰此一經明賓主相問飲食及道藝之事也問品味曰子亟食於某乎者謂客來賓主相問禮也品味者殽饌也亟數也凡問人若欲問彼人已嘗食某殽饌與否者則不可斥問嘗食否但當問其數食某食乎如言彼已嘗經數食也然彼若不嘗食則自當依事而答之也。問道藝者亦謂賓主先已明知所習道藝及其問之亦不敢指斥故云子習於某道乎子善於某藝乎道難故稱習藝易故稱善也。注不斥至六藝。正義曰不斥人謙也者雖先知其所食所習所善及其問之猶疑而稱乎乎者謙退之辭是以不正指斥人所能此人兼賓主也南本云不斥主人非也云道三德三行也者案師氏教國子三德三行者一曰至德二曰敏德三曰孝德三行者一曰孝行二曰友行三曰順行也皆國子所習故知道是三德三行也云藝六藝者案保氏教六藝禮樂射馭於書數也。

不疑在躬躬身也不服行所不知使身疑也。不度民械械兵器也不計度民家之器物使已亦有。度大洛反計也注同械戶戒反。不願於大家大謂富之廣也不訾重器訾思也重猶寶也。訾子斯反

疏 不疑至重器。正義曰此一節承上賓主相問之事因明賓主之禮賓不得願主人所有之物。不疑在躬者既問主人之道藝則已亦當習學明了不得使疑事在其躬則爲賓爲主皆然也。不度民械者謂爲客至主人之家不得計度民家所有器械使已亦有也。不願於大家者大家謂富貴廣大之家謂大夫之家也謂士往於卿大夫之家見彼富大不可願戮之也非分而願必有亂心也不訾重器者訾思也重器寶珍之物言謂客至主人之家見有重器重器不可思玩之若思玩之則僭疾已貧賤生淫亂濫惡也。

賦稅

論嘗殷民用文鏃致詁訓晴命敎

古書疑義舉例一 上下文同字異義例

田制

古田税即私租

孟子所謂方百里七十里五十里以田言之故王制云公侯田方百里伯七十里子男五十里也方百里者為田萬井九百萬畝其中公田一百萬畝計其所入今之大縣錢糧而過之也豈非多取於民比古者暴授民田其君若

今之業主其民若今之佃戶業主取
佃戶參之一存之異也東塾讀書記七

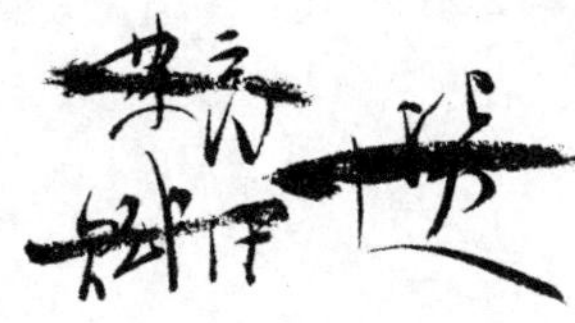

（盛血仰而射之命曰射天武乙獵於河渭之間暴雷武乙震死是也）孟子曰尊賢使能俊傑在位則天下之士皆悦而願立於其朝矣（俊美才出衆者也萬人者稱傑）市廛而不征法而不廛則天下之商皆悦而願藏於其市矣（廛市宅也古者無征衰世征之王制曰市廛而不税周禮載師曰國宅無征法而不廛者當以什一之法征其地耳不常征其廛宅也）關譏而不征則天下之旅皆悦而願出於其路矣（言古之設關但譏禁異言識異服耳不征税出入者也故王制曰古者關譏而不征周禮太宰曰九賦七曰關市之征司關曰國凶扎則無關門之征猶譏王制謂文王以前也文治岐關譏而不征周禮有征者謂周公以來孟子欲令復古之征使天下行旅悦之也）耕者助而不税則天下之農皆悦而願耕於其野矣（助者井田什一助佐公家治公田不横税賦若履畝之類）廛無夫里之布則天下之民皆悦而願爲之氓矣（里居也布錢也夫一夫也周禮載師曰宅不毛者有里布田不耕者有屋粟凡民無職事者出夫家之征孟子欲使寬獨夫去里布則人皆樂爲之氓矣氓者謂其民也）

○有喪者專席而坐。○正義曰專猶單也吉時貴賤有重席之禮若父母始喪寢苫無席卒哭後乃有苄翦不納自齊衰以下始喪而有席並不重席居處也。○水潦降不獻魚鼈不饒多也。○潦音老雨水謂之潦獻鳥者佛其首為其喙害人也佛戾也蓋為小竹籠以冒之。○拂本又作佛扶弗反下同為于偽反下為其同喙吁廢反又陟遘反又知胄反又丁角反戾力計反籠力東反冒莫報反畜鳥者則勿佛也畜養也養則馴。○畜許六反徐況又反馴似遵反狎也徐食倫反沈羊[illegible]反獻車馬者執策綏獻甲者執胄獻杖者執末獻民虜者操右袂獻粟者執右契獻米者操量鼓獻孰食者操醬齊獻田宅者操書致凡操執者謂手所舉以告者也設其大者舉其小者便也甲鎧也胄兜鍪也民虜軍所獲也操其右袂制之契券要也右為尊量鼓量器名。○綏音雖執以登車者胄直又反操七刀反持也下及注皆同契苦計反量音亮又音良升斛鼓曆義云樂浪人呼容十二石者為鼓齊本又作齏同子兮反便婢面反鎧苦愛反兜下侯反鍪莫侯反券字又作桊音勸凡遺人弓者張弓尚筋弛弓尚角弓有往來體皆欲令其下曲隤然順也遺人無時已定體則張之未定體則弛之。○遺于季反與也注同弛本又作施同式是反謂不張也注同隤本又作頹徒回反順貌右手執簫左手承弣簫弭頭也謂之簫簫邪也弣把中。○弣音撫徐音甫下同弭亡婢反弓末也邪似嗟反把音霸手執處也尊卑垂帨帨佩巾也磬折則佩垂授受之儀尊卑一。○帨徐始銳反磬徐苦定反折徐時列反又之列反沈云舊音逝若主人拜拜受也則客還辟辟拜辟拜謙不敢當。○辟辟上扶亦反下辟音避注同主人自受由客之左接下承弣由從也從客之左右客尊之接下接客手下也承弣卻手則覆手與。○覆芳服反與音餘鄉與客並然後受於堂上則俱南面禮敵者並授進劍者左首左首尊也進戈者前其鐏後其刃進矛戟者前其鐓後刃敬也三兵鐏鐓雖在下猶為首銳底曰鐏取其鐏地平底曰鐓取其鐓地。○鐏在困反舊子困反注同一讀注音作管反矛本又作鉾音謀兵器鐓本又作錞徒對反注同一讀注丁亂反

疏

水潦至其鐓。○正義曰此一節明獻遺人物及授受之儀今各隨文解之。○水潦降不獻魚鼈者案定四年左傳云水方降今謂水潦降者天降下水潦魚鼈難得故注云不饒多也盧植庾蔚之等並以為然或解鄭云不饒多者以為水潦降下魚鼈豐足不饒益其多。○獻鳥者佛其首者王云佛謂取首戾轉之恐其喙害人也鄭云佛戾也蓋為小竹籠以冒之案王鄭義同而加籠籠之為其喙害人也。○畜鳥者則勿佛也者畜養也養則馴也馴善也鳥經人養則不喙害人故獻之不用籠冒及戾之。○獻車馬者執策綏者策是馬杖綏是上車之繩車馬不上於堂不可投進尊者之前但執策綏易呈呈之則知有車馬。○獻甲者執胄者甲鎧也謂鎧為甲者言如龜鼈之有甲也胄兜鍪也鎧大兜鍪小小者易舉執以呈之耳。○獻杖者執末者末拄地頭也拄地不淨不可嚮人故執以自嚮持淨頭投與人獻民虜者操右袂者民虜謂征伐所獲彼民以為外虜故云民虜也右袂者右邊袖也獻之以左手操于四之右邊袂右邊袂右邊有力故此用右手以防其異心凡言執操互言耳。○獻粟者執右契者粟粱稻之屬也契謂兩書一札同而別之鄭注此云契券要也右為尊以先書為尊故也。○獻米者操量鼓者米六米之等量是知斗斛之數鼓是量器名也隱義云東海樂浪人呼容十二斛者為鼓以量米故云量鼓獻米者執器以呈之米云量則粟亦量粟云契則米亦書但米可即食為急故言量粟可儲為緩故云書互也量為鍰也。○獻孰食者操醬齊者執食葱渫之屬醬齊為食之主執主來則食可知若見芥醬必知

藏魚鱠之屬也○藏田宅者操書致者書致謂圖書於板丈尺委曲書之而致之於尊者也以上諸物可動故不云致而田宅著土故板圖書畫以致之故言書又言致也然古者田宅悉爲官所賦本不屬民今得此田宅獻者是或有重勳爲君王所賜可爲已有故得有獻凡遺人弓者此謂敵體故稱遺者也張弓尚筋者弓之爲體以木爲身以角爲面筋在外面張之時曲來鄉內故遺人之時使筋在上弓身曲鄉其下其弛弓之時反張鄉外筋在曲內角在曲外今遺人之時角鄉其上弓形亦曲鄉下故鄭注皆欲令其下曲隤然順也○注遺人至弛之○正義曰案槀人云春獻素秋獻成注云矢箙春作秋成矢箙既獻素明知弓亦獻素素形朴也故士喪禮注云形法定爲素又弓人云秋合三材冬定體則合三材之時可以獻人故此注云未定體則弛之是也○右手執簫者簫弓頭頭稍剡差邪似簫故謂爲簫也謂弓頭爲鞘鞘簫之言亦相似也然執簫謂捉下頭客覆右手執弓下頭也○左手承弣者弣謂弓把也授在地地道貴右主人推客居右客覆右手執弓下頭又卻下左手以承弓把把當中央而高兩頭頹下以授主人主人在左所以知是執於弓下頭者下頭拄地不淨不可與人故自執之而以上頭授人所以爲敬也尊卑垂帨者尊卑謂賓主俱是大夫則爲尊若俱是士則爲卑帨佩巾也若主人拜者主人將受應當賓前而拜受所遺也○則客還辟辟拜者還辟猶逡巡也客謙不欲當主人之拜已故少逡巡遷延辟之也不云客答拜者執弓不得拜也何胤云執弓者迴還見主人拜而辟之也○主人自受由客之左者由從也主人既敵故自受也拜客既竟從客左而受之○接下承弣者主人既在客左與客並以卻左手接客左手之下而承弣又覆右手捉弓下頭○注由從至下○正義曰客在右故云右客也是尊客故使客在右也云接下接客手下也者客卻左手承弣今主人卻左手接客左手之下而取弓必知其客主俱卻左手承弣右手覆簫者若主人用右手承弣便是主人倒執弓故知然也云承弣卻手則簫覆手與者簫謂弓下頭也客以弓上頭授與主人主人以左手卻之接客手下故又覆右手按捉弓下頭也是客主授受皆卻左手承弣覆右手執簫也○鄉與客並然後受者前漫云由左恐人或相對而左右也今明既拜客竟則還前立處與客俱鄉南而立乃後受弓故云鄉與客並然後受也○注於堂至並授○正義曰俱南面解鄉與客並也言於堂上俱南面是鄉明故也若不於堂上則未必南面當隨時便而俱鄉明云禮敵者並授者若不敵則不並授此又證遺人是敵者也然敵者並授案聘禮賓問主國之卿卿北面受幣聘賓南面授幣卿與聘賓是敵不並授者以聘賓銜聘君之命聞卿故卿北面受之敬聘君之命也○進劍者左首者○正義曰進亦謂遺也言進授與人時也首劍拊環也少儀曰澤劍首鄭云澤弄也推尋劍刃利不容可弄正是劍環也又云刃御刃授穎鄭云穎鐶也案少儀而言首則鐶也不以刃授人敬也春秋魯定公十年叔孫之圉人欲殺公若僞不解禮而授劍末杜云以劍鋒末授之案解鋒爲末則鐶是首也然劍有匣又有衣也故少儀云劍則啓櫝蓋襲之加夫襓是也鄭云左首尊者客在右主人在左劍首首爲尊以尊處與主人也假令對授則亦左首首尊左亦尊爲宜也○進戈者前其鐏後其刃○正義曰戈鉤孑戟也如戟而橫安刃但頭不鄉上爲鉤也直刃長八寸橫刃長六寸刃下接柄處長四寸並廣二寸用以鉤害人也刃當頭而利者也利故不持鄉人也鐏在尾而鈍鈍鄉人爲敬所以前鐏後刃也○進矛戟者前其鐓者矛如鏦而三廉也戟今之戟也古作戟兩邊皆安橫刃長六寸中刃長七寸半橫刃下接柄處又長四寸半並廣寸半鐓爲矛戟柄尾平底如鐓鐓柄下也以平鄉人敬也亦應並授不云左右而云前後者互文也若相對則前後也若並授則左右也○

呂思勉手稿珍本叢刊·中國古代史札録

田斌

十部～向新州也之先國都也民年為也

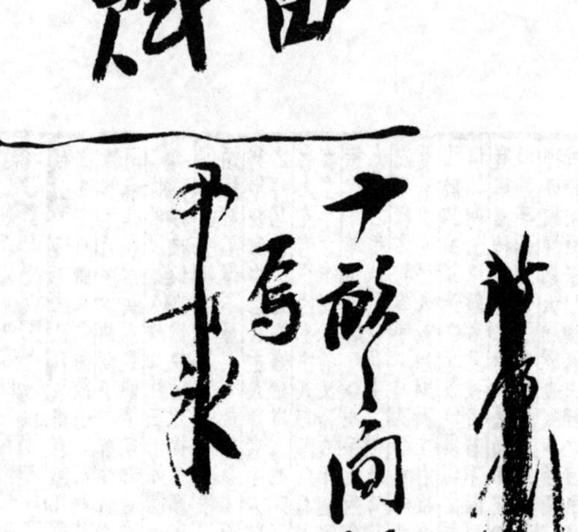

中田有廬疆埸有瓜

瓜税

之耳中田有廬疆場有瓜是剥是菹剥瓜爲菹也箋云中田田中也農人作廬焉以便其田事於畔上種瓜瓜成又入其稅天子剥削淹漬以爲菹貴四時之異物○廬力居反剥邦角反菹側居反便毗戰反削思約反淹英鉗反漬子賜反淹也○獻之皇祖曾孫壽考受天之祜箋云皇君祜福也獻瓜菹於先祖者順孝子之心也孝子則獲福○祜音戶○疏箋中田至異物○正義曰古者宅在都邑田於外野農時則出而就田須有廬舍故言中田謂農人於田中作廬以便其田事於田中種穀於畔上種瓜亦所以便地也於畔上種瓜廣謂天下民田瓜成又入其稅民以瓜新熟獻於天子天子得之乃剥削淹漬以爲菹欲以供祭祀貴四時之異物故也徧檢書傳未見天子稅民瓜以供祭祀者故地官場人掌國之場圃而樹之果蓏珍異之物以時斂而藏之凡祭祀共其果蓏瓜瓠之屬郊特牲曰天子樹瓜華不斂藏之種是則天子之瓜自令有司供之不稅於民此言瓜成入其稅於天子者周禮言其正法瓜不稅民此述成王之時民盡力於農業故畔上種瓜獻諸天子天子得爲菹以祭欲見天子孝於親而下民愛其主反以刺今幽王也箋以對前曾孫之穡爲正稅故云又入其稅耳非謂正法所當稅也○箋獻瓜至獲福○正義曰周禮場人祭祀供其果蓏是祭必有瓜菹矣醢人豆實無瓜菹者主說正豆之實故文不具耳○

蠶事畢后妃獻繭乃收繭稅以桑爲均貴賤長幼如一以給郊廟之服后妃獻繭者內命婦獻繭於后妃收繭稅者收於外命婦

十三經注疏　禮記十五　月令　十二

外命婦雖就公桑蠶室而蠶其夫亦當有祭服以助祭收以近郊之稅耳貴賤長幼如一國服同○疏蠶事至之服○正義曰天子春養蠶此時畢了故云蠶事畢后妃獻繭者謂后妃受內命婦之獻繭乃收繭稅者謂既受內命婦獻繭乃收外命婦繭之賦稅以桑爲均者言收稅之時以受桑多少爲賦之均齊桑多則賦多桑少則賦少貴賤長幼如一者貴謂公卿大夫之妻賤謂士之妻長幼謂婦老幼無問貴賤長少出之時齊同如一皆以近郊之稅十而稅一也所稅之物以供給天子郊廟之服○注后妃至服同○正義曰內命婦獻繭于后妃者以其經云后妃獻繭恐后妃獻繭於王故明之也知非后妃獻繭於王者祭義曰世婦卒蠶奉繭以示於君遂以獻於夫人是夫人不獻繭也云收繭稅者收於外命婦者內命婦既以獻繭更別云收繭稅故知於外命婦也雖就公桑蠶室而蠶其夫亦有祭服以助祭也皇氏云外命婦旣就公家之桑而養蠶則繭當悉輸於公所以惟皆稅其繭餘得自入者以其夫當有祭服以助王祭故令繭得自入以供造也今謂夫助祭之服當公家所爲故禮再命受服言外命婦雖就公桑蠶室而蠶旣是官家之桑繭應全入於己所以有稅者以其夫亦當有祭服官家所給故輸繭稅以供造之但稅寡少故云收以近郊稅耳知收以近郊稅者載師云近郊十一公桑在國北近郊故知收以近郊云貴賤長幼如一國服同者按泉府云凡賒者以國服爲之息國服謂國家貢賦服事在上各有等限謂之國服言貴賤長幼出繭稅俱以十一等限齊同故云國服同其受桑則貴賤異也貴者

桑多賤者桑少爲皆

計繭爲稅十一之稅

國服

蠶事畢后妃獻繭乃收繭稅

田

國策（五）狂（十四）張上 呂甘留宅（十七）6上

（卅三）2上下

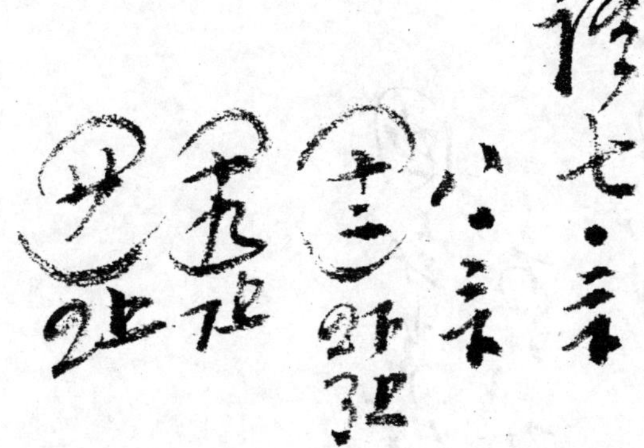

階級

國家統謂國家統機關者也

古人所生而已

以為備

賦稅

「賦曰率出泉也」

「貢功也九職之功所稅也」

周官以八則治都鄙五曰賦貢以馭其用注

田

子駟為田洫司氏堵氏侯氏子師氏皆喪田焉 左襄十

陳人從田無田從黨 左哀元

士田十萬 左哀二

[illegible]

三十五家無一書，子弟之言無得與人之家[illegible]殺之……

又曰：三十五家乃[illegible]人家，四十五[illegible]

下之家[illegible]家之後，[illegible]之田少有[illegible]月[illegible]

[illegible]一人以[illegible]……[illegible]

[illegible]禮說

[illegible]

[illegible]

其分卑一　軍政戰陣修紀條教時乃粗糧矣

尉不遠此則在古則爲人之郭之道時

乃於韓田氏能修單身尉不借此則

民并豚則兆數爲人之郭之道時

當以美七斗新不行此則在古則

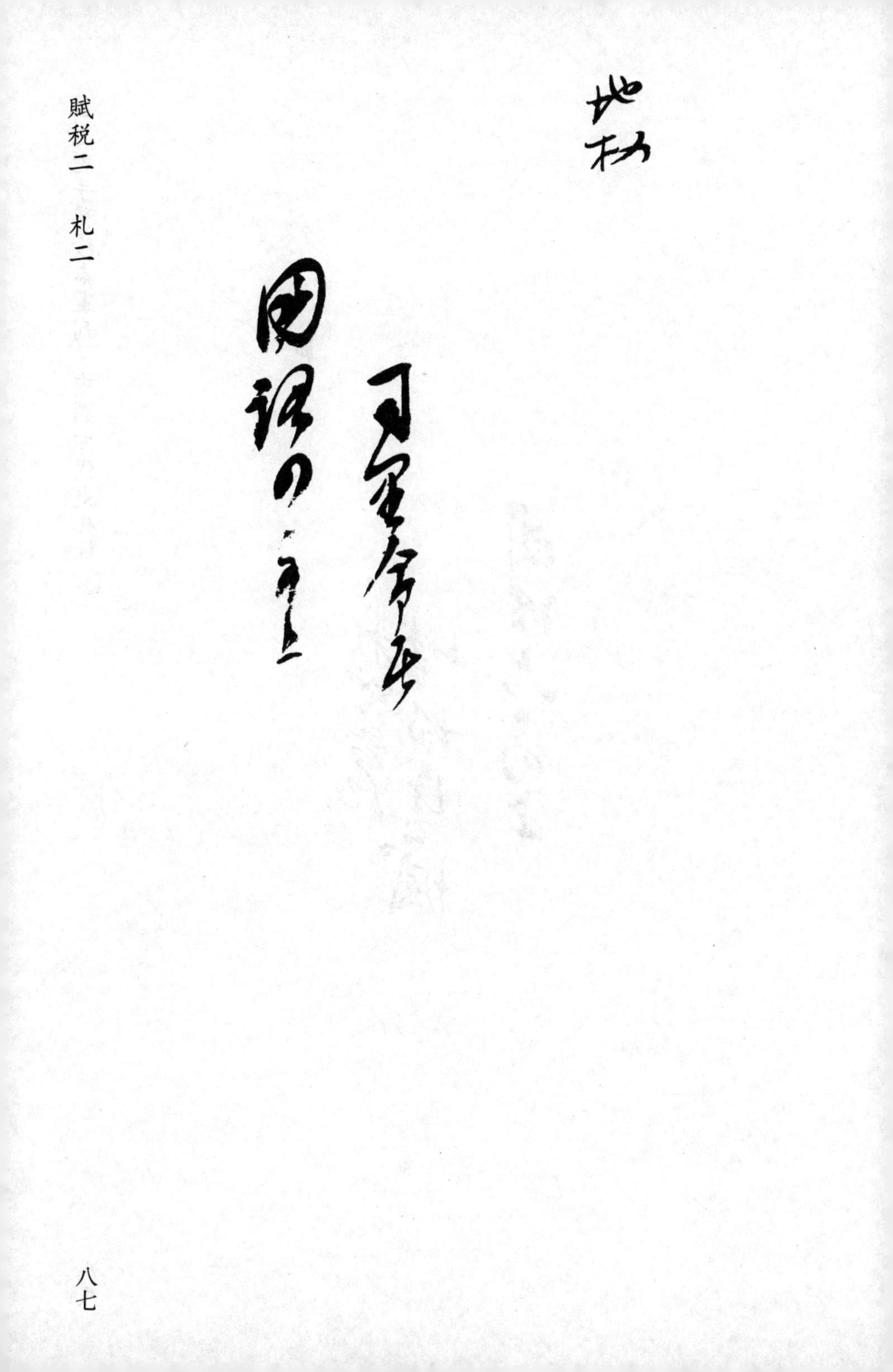

四

相地善化，
婦均隆域

周諸六之上

賦稅—役

民參其力二入於公而衣食其一　左昭三

鄙之人入從其政　昭廿

田制 [illegible]

二三人[illegible]按五地[illegible]七人中 八九十人上

上地中地下地可任之人數

民趣任役

[illegible]家二人为五等[illegible]上[illegible]下[illegible]一人[illegible]

以役夫

乃均土地以稽其人民而周知其數上地家七人可任也者家三人中地家六人可任也者二家五人下地家五人可任也者家二人均平也周猶徧也一家男女七人以上則授之以上地所養者衆也男女五人以下則授之以下地所養者寡也正以七人六人五人爲率者有夫有婦然後爲家自二人以至於十爲九等七六五者爲其中可任謂丁強任力役之事者出老者一人其餘男女強弱相半其大數○徧音遍七人以上時掌反

疏 乃均至二人○釋曰言乃均土地者以其佐大司徒掌其土地人民之數故制上地下地等使得均平故云均土地也云以稽其人民者既給土地則據土地計考其人民可任不可任之事云而周知其數者而周徧知其人數云上地家七人者凡給地有九等此據中地三等而中地之上所養者七人云可任也者家三人者七人之中一人爲家長餘六人在強弱半強而可任使者家三人云中地家六人者此謂中地之中所養者家六人云可任也者二家五人者六人之內一人爲家長餘五人在強弱半不可得言可任者二人半故取兩家併言可任者二家五人云下地家五人者謂中地之下所養者五人云可任也者家二人者五人之內一人爲家長餘四人在強弱半故云可任者家二人○注均平至大數○釋曰云正以七人六人五人爲率者有夫有婦然後爲家自二人以至於十爲九等七六五者爲其中者案王制百畝之分上農夫食九人其次食八人其次食七人其次食六人其次食五人彼言五等此云七六五三等其人不同故鄭爲九等計之此經皆云家故鄭云有夫有婦乃成家從此二人爲一等至十人則爲九等自二人三人四人是下地之三等也五

3

人是中地之三等八人九人十人是上地之三等此經雖言七六五者據中地之三等則知有上地下地之三等故鄭云不七六五者爲其中若然王制不云上上之地食十人又不云其次食四人其次食三人其次食二人直言自九以至五不言九等者彼欲取下士視上農夫食九人自府史胥徒四者食八人七人六人五人五等人與此五等農夫相當故不言其餘四者又襄公二十五年楚蔿掩書土田度山林鳩藪澤辨京陵表淳鹵數疆潦規偃豬町原防牧隰皋井衍沃以授子木禮也此九等是楚之地善惡有九等與此不同鄭注尚書云賦之差上上出九夫稅上中出八夫稅爲九等者以九州出賦多少不同有九等故鄭君以井田美惡爲九等計之非是貢地之差也云出老者一人其餘男女強弱相半其大數者但一家之内二人至十人或男多女少或女多男少不可齊準今皆以強弱半者周公設法據其大數故鄭云其大數也

凡起徒役毋過家一人以其餘爲羨唯田與追胥竭作鄭司農云羨饒也田謂獵也追追寇賊也竭作盡行○毋音無羨錢面反

疏凡起至竭作○釋曰云凡起徒役毋過家一人者謂起民徒役作之毋過家一人以其餘爲羨者一家兄弟雖多除一人爲正卒正卒之外其餘皆爲羨卒云唯田與追胥竭作者田謂田獵追謂逐寇胥謂伺捕盜賊竭盡也作行也非直正卒一人羨卒盡行以其田與追胥之人多故也此謂六鄉之內上劑致甿一人爲正卒其餘皆爲羨卒若六遂之内以下劑致甿一人爲正卒一人爲羨卒其餘皆爲餘夫饒遠故也

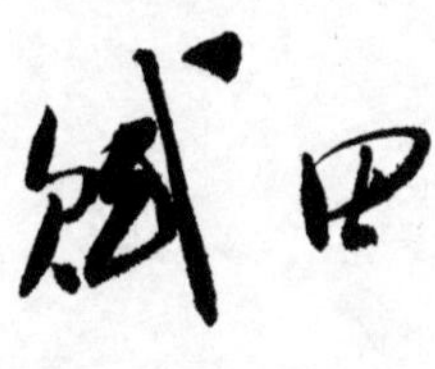

令賦以地與民制之上地食者參之二其民可用者家三人中地食者半其民可用者二家五人下地食者參之一其民可用者家二人賦給軍用者也令邦國之賦亦以地之美惡民之衆寡爲制如六遂矣鄭司農云上地謂肥美田也食者參之二假令一家有三頃歲種二頃休其一頃下地食者參之一田薄惡者所休多○令力呈反

疏 凡令至二人○釋曰此文承上邦國之下而云令賦是還據邦國諸侯而說也此經有三等之地按小司徒注云有夫有婦然後爲家自二人以至於十人爲九等七六五者爲其中則地有上中下各分爲三等九等則十口食上上九口食上中八口食上下七人食中上六人食中中五人食中下四人食下上三人食下中二人食下下又按遂人上地夫一廛田百晦萊五十晦中地家二百晦下地家三百晦與此上地食者參之二合故鄭云邦國如六遂矣若然則上地是上下之地應家八人一人爲家長可任者當云家七人今云家三人者經欲互舉以明義故以中地之上家七人見出上地之下八人者明亦有上地之中上地之上又言下地食者參之一其民可用者家二人地即據下地之下人即據中地之下家五人者亦是互舉以明義故地舉其下人舉其中欲見亦有下內三等其地及人也先鄭云食者三之二假令一家有三頃歲種二頃休其一頃者舉上地只應云一頃五十晦而云三頃者直取參之一舉整言之或并二家而說也

凡

復

「貴部郎中」

王制注：庶人從喪年歲事不使徭役也。喪大記曰：大夫士既葬，公政入于家；既卒哭，弁絰帶，金革之事無辟也。

鄭以口率出泉以爲周官九賦之誤

實事求是之解經精義一無殘害

持無殘世辭

征役

老弱免征之典

算入圖

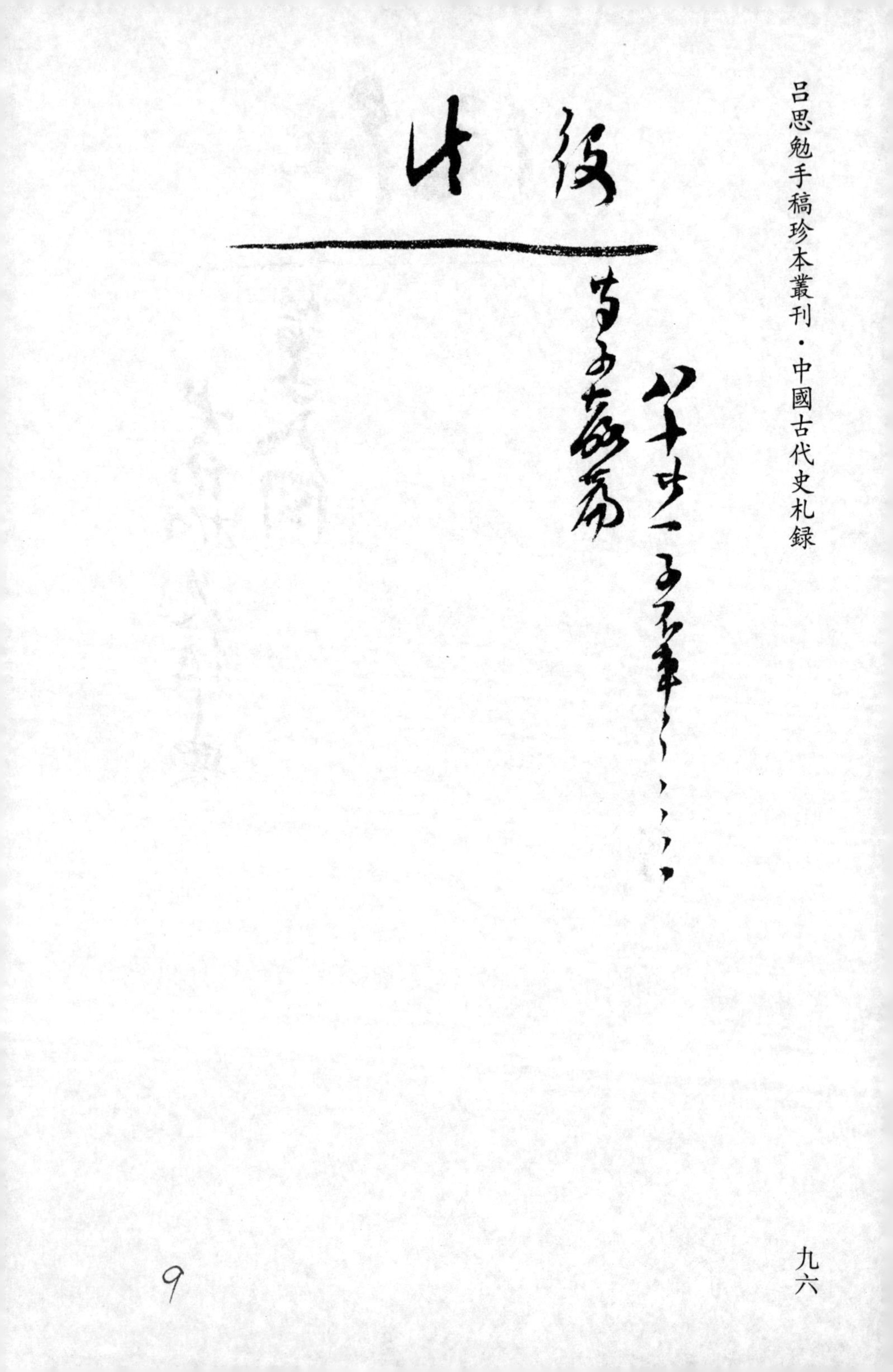

[illegible]

[illegible]

[illegible]

9

中信

一　此至到君左壽共二年不呼其同係其意不在事

也

某家竹林處

10

役祀

從政

喪與從政

○三年之喪祥而從政期之喪卒哭而從政九月之喪既葬而從政小功緦之喪既殯而從政以王制言之此謂庶人也從政從爲政者教令謂給繇役○期音基繇音遥本又作傜

疏 注以王至繇役○正義曰按王制云父母之喪三年不從政齊衰大功三月不從政此云期之喪卒哭而從政九月之喪既葬而從政與王制不同者此庶人依士禮卒哭與既葬同三月故王制省文摠云三月也若大夫士三年之喪期不從政是正禮也卒哭金革之事無辟是權禮也

雜記

（凡表）比役

以歲時登其夫家之衆寡及其六畜車輦辨其老幼癈疾與其施舍者以須職作事以令貢賦以令師田以起政役登成也猶定也夫家猶言男女也施讀爲弛職謂民九職也分其農牧衡虞之職使民爲其事也載師職云以物地事授地職互言矣貢九貢也賦九賦也政役出士徒役。施式氏反下施舍皆同政音征注同疏以歲至政役。釋曰云以歲時以主其夫家已下亦如族師所云以歲之四時成定男女之等。注登成至徒役。釋曰云施讀爲弛者以其文承老幼癈疾之下又別云以起政役明此不得爲施政役破施爲弛謂弛捨其政役也云職謂民九職也者以其須職而作事是民之九職使之作事而遺出九貢也云分其農牧衡虞之職者農即三農牧即藪牧衡虞即虞衡作山澤之材不言商賈嬪婦臣妾之等者略之也云載師職云以物地事授地職互言矣者彼云物地事不云貢此云令貢賦不云物地事貢賦當相互皆有也云貢九貢也者即九職之九貢非諸侯之九貢也賦者即亦大宰九賦一曰邦中之賦二曰四郊之賦之等是也云政役出士徒役者即上注遂之軍法如六鄉者是也若起野役則令各帥其所治之民而至以遂之大旗致之其不用命者誅之役謂師田若有功作也遂之大旗熊虎疏若起至誅之。釋曰此文起野役若小司徒凡起徒役毋過家一人之類也云則令各帥其所治之民而至者謂令縣正已下縣正云若將用野民師田行役移執事則帥而至治其政令是縣正受遂人之令也云以遂之大旗致之者以其遂人雖是大夫合用鳥隼之旗致衆今遂人掌衆與大司徒同故致衆得用熊虎爲旗也。注役謂至熊虎。釋曰知役謂師田若功作也者以其縣正所云用野民師田行役移執事爲此事致之明此役與彼同其云功作則移執事之等是也云大旗熊虎者司常職文凡國祭祀共野牲令野職共野牲入於牧人以待事也野職薪炭之屬疏注共野至之屬。釋曰云共野牲入於牧人以待事也者謂牛羊豕在六遂者故曰野牲牧人云掌牧六牲以待祭祀故知此野牲牧又云掌牧六牲以待祭祀故知此野牲亦入牧人以待事也云野職薪炭之屬者此官令之委人斂之故下委人云掌斂野之賦又云斂薪芻凡疏材木材凡畜聚之物言之屬者兼此諸物也凡賓客令脩野道而委積委積於廬宿市疏凡賓至委積。釋曰案大司徒云令野脩道委積彼謂摠令遺人此於百里外野道又令之故注云委積於廬宿市是亦令遺人也大喪帥六遂之役而致之掌其政令及葬帥而屬六綍及窆。陳役致役致於司徒給墓上事及窆也綍舉棺索也葬舉棺者謂載與說時也用綍旁六執之者天子其千人與陳

遂人与役

封丨役丨綍及丨堋丨窆

12

役者主陳列之耳匠師帥監之鄉師以斧涖焉大喪之正棺殯啓朝及引六鄉役之載及窆六遂役之亦即遠相終始也鄭司農云窆謂下棺時遂人主陳役也禮記謂之封春秋謂之堋皆葬下棺也聲相似。屬音燭綍音弗䆗劉昌絹反穿也本作窆戚彼驗反與注相應與謚始鋭反人與音餘朝直遙反之封彼驗反或如字堋補鄧反

疏 注致役至相似。釋曰鄭知致役致於司徒給以其殯及引皆六鄉役之其墓上事及䆗等六遂役之故知致役給墓上墓上則謚載下棺之等䆗謂穿壙之等不言在廟載事亦六遂役之不言者略也必致於司徒者司徒雖主六鄉以其地官之卿掌徒庶之役亦兼掌六遂之役故也云綍舉棺索者以其據在棺則曰綍據在道則曰引六遂之役不在道故據在棺而言綍也云葬舉棺者謂載與謚時也者以其經云屬六綍不據在道故知在廟載時及在壙謚時也云用綍旁六執之者天子其千人與者案雜記諸侯執綍五百人大夫三百人以此約之天子千人無正文故云與以疑之云陳役者主陳列之耳者以其經云及窆窆謂下棺下棺之時千人執綍背碑負引須陳列其人故知謂陳列之也云匠師帥監之鄉師以斧涖焉者案其鄉師職知之云大喪之正棺殯啓朝及引六鄉役之載及窆六遂役之知義然者案大司徒職云大喪帥六鄉之衆庶屬其六引此遂人云帥六遂之役屬六綍及窆陳役鄭據此二文言之以六鄉近使主殯及啓朝爲始在祖廟之中將行載棺於蜃車屬六綍則六遂爲終也至於在道言引則還使六鄉爲始至壙窆之下棺則還使六遂爲終以二處合自共爲終始故云即遠相終始也是以大司徒注云六鄉主六引六遂主六綍也云禮記謂之封者據檀弓云庶人縣棺而封及喪大記下棺亦云封是也春秋謂之堋者左氏葬鄭簡公有司墓之室當道毁之則朝而堋是也窆堋封三者字雖不同皆是下棺也云聲相似者窆封堋皆以去聲言之故云聲相似也

凡事致野役而師田作野民帥而至掌其政治禁令

○治直吏反下治訟皆同

疏 凡事至禁令。○釋曰此居職末摠結之言也

人役

以歲時登其夫家之衆寡，辨其可任者。國中自七尺以及六十，野自六尺以及六十有五，皆征之。其舍者，國中貴者、賢者、能者、服公事者、老者、疾者皆舍。以歲時入其書。登，成也，定也。國中，城郭中也。晚賦稅而早免之，以其所居復多役少。野早賦稅而晚免之，以其復少役多。鄭司農云：「征之者，給公上事也。舍者，謂有復除舍不收役事也。貴者，謂若今宗室及關內侯皆復也。服公事者，謂若今吏有復除也。老者，謂若今八十、九十復羨卒也。疾者，謂若今癃不可事者復之。」玄謂入其書者，言於大司徒。○復音福，下同。

疏 以歲至其書○釋曰：云「以歲時」者，謂歲之四時。登，猶成也，定也。夫家，謂男女，謂四時成定其男女多少。云「辨其可任」者，謂分辨其可任使者。云「國中自七尺以及六十」者，七尺謂年二十，知者，案韓詩外傳「二十行役」，與此國中七尺同，則知七尺謂年二十。云「野自六尺以及六十有五」者，六尺謂年十五。故論語云「可以託六尺之孤」，鄭注云「六尺之孤，年十五已下」，彼六尺亦謂十五。鄭言已下者，正謂十四已下亦可以寄託，非謂六尺可通十四已下。鄭必知六尺年十五者，以其國中七尺爲二十，對六十，野云六尺，對六十五，晚校五年，明知六尺與七尺早校五年，故以六尺爲十五也。云「皆征之」者，所征稅者，謂築作、挽引、道渠之役及口率出錢。若田獵五千則免，是以祭義云「五十不爲甸徒」，若征伐，六十乃免，是以王制云「六十不與服戎」。彼二者並不辨國中及野外之別。云「其舍」者，謂不給繇役，則國中貴者已下是也。云「以歲時入其書」者，既上所云，皆歲之四時具作文書入於大司徒，故云歲時入其書也。○注登成也至司徒○釋曰：云「登，成也，定也」者，以其夫家衆寡，若不作文書，則多少齒歲不定，若作文書，多少成定，故云「登，成也，定也」。云「國中，城郭中也」者，以其對野，故知國中是城郭中也。云「晚賦稅而早免之」者，以其經云七尺及六十，對野中六尺至六十五，是其晚賦稅而早免之。云「以其所居復多役少」者，以此經云國中貴者至疾者皆舍，據國中而言，是其國中復多役少也。鄭司農云四事皆若今者，並舉漢法況之。玄謂入其書者言於大司徒，知者，以其上云受法於司徒，故知入其書者言於大司徒。

均人掌均地政均地守均地職均人民牛馬車輦之力政政讀爲征地征謂地守地職之稅也地守衡虞之屬地職農圃之屬力征人民則治城郭涂巷溝渠牛馬車輦則轉委積之屬○政音征出注下同疏均人至力政○釋曰均人所均地政已下揔均畿內鄉遂及公邑云均地政者謂均地守地職二者之稅使皆十一而出稅又均人民已下力征之事○注政讀至之屬釋曰鄭破政爲征者以經政是政教之政非征稅之征故破之也鄭又知地征是地守地職之稅者以其出稅無過地守地職二者故知之也云地守衡虞之屬者亦謂畿內川衡林衡山虞澤虞皆遣其地之民守護之及其入山林川澤取之者使出稅以當邦賦○云地職農圃之屬者此即大宰九職云一曰三農二曰園圃之屬以九職任之因使出稅也云力征已下并車輦並是力之征稅若然土均云掌平地之政以均地守以均地事以均地貢注云所平之稅邦國都鄙也與此鄉遂及公邑別彼又云地貢鄭云謂諸侯之九貢與此九職之貢又不同也

凡均力政以歲上下豐年則公旬用三日焉中年則公旬用二日焉無年則公旬用一日焉豐年人食四鬴之歲也人食三鬴爲中歲人食二鬴爲無歲無贏儲也公事也旬均也讀如𤰝𤰝原隰之𤰝易坤爲均今書亦有作旬者○上時掌反鬴房甫反𤰝音均又舒均反又音旬轟氏常純反疏凡均至日焉○釋曰此所均力政者即上人民之力征不通牛馬車輦故禮記王制云用民之力歲不過三日是此亦據人而言也云以歲上下者上即豐年下即儉年也豐年則公旬用三日者公事也旬均也謂爲事均用三日也○注豐年至旬者○釋曰鄭知豐年人食四鬴已下者案廩人云人四鬴上地人三鬴中也人二鬴下也而知之彼又云不能人二鬴則令邦移民就穀此時則無力征矣若然此食二鬴而言無年無年者鄭云無贏儲仍未移民就賤此無年與彼不能人二鬴之歲不同彼不能人二鬴自然無贏儲也云公事也者此天子之法非諸侯之禮不得爲公君解之故從公事而釋也云旬均也者王制既云用民歲不過三日明不得爲旬十日解之故破從均恐不平故云均也云讀如𤰝𤰝原隰之𤰝者彼詩𤰝𤰝是均田之意故讀從之云易坤爲均今書亦有作旬者彼易坤爲地地德均平是以均爲義今書今易書有作旬字者旬與均俱有均平之意故引爲證也

凶札則無力政無財賦無力政恤其勞也無財賦恤其乏困也財賦九賦也疏凶札至財賦○釋曰凶謂年穀不孰札謂天下疫病作無此力征及財賦二事此即廩人云不能人二鬴之歲○注無力至賦也○釋曰云財賦九賦也者此即大宰九賦謂口率出泉知賦中惟是九賦者以下文有地守地職故此惟有九賦也若然上均地政不言均九賦亦均之可知

不收地守地職不均地政不收山澤及地稅亦不平計地稅也非凶札之歲當收稅乃均之耳

三年大比則大均有年無年大平計之若久不脩則數或闕疏注有年至或闕○釋曰經既云大均明知有年及無年皆須大平均計之也云久不脩則數或闕者三年一闕是其久久不脩謂不大平計則其中間不知其數不知其數則是數闕也

物—家中之財

輦

六〔尺〕已上爲[illegible]五[illegible]以下爲也

漢承周後，財自京師之數，唐[illegible]

大比—天下簡閱民數及財物—未知何月

比要

漢以月案比

○小司徒之職掌建邦之教灋以稽國中及四郊都鄙之夫家九比之數以辨其貴賤老幼廢疾凡征役之施舍與其祭祀飲食喪紀之禁令稽猶考也夫家猶言男女也鄭司農云九比謂九夫爲井玄謂九比者冢宰職出九賦者之人數也貴謂爲卿大夫賤謂占會販賣者廢疾謂癃病也施當爲弛○比毗志反注下皆同施式氏反

疏小司徒至禁令○釋曰小司徒副貳大司徒之事大司徒已掌十二教故此小司徒又掌建邦之教法言建者非但副貳大司徒亦得專其事

16

云以稽國中及四郊都鄙者大司徒掌邦國都鄙此小司徒亦掌之稽考也故亦考其國中及四郊但國中與四郊皆是六鄉之民所居也併言都鄙者司徒是主土地之官故亦兼主采地之法云之夫家九比之數者謂國中及四郊都鄙之内夫家男女九賦校比人民之數云辨其貴賤老幼廢疾者辨猶別也謂別其貴賤老幼廢疾合科役者科役之云凡征役之施舍者征謂稅之役謂繇役施舍者貴與老幼廢疾不科役故言弛也云與其祭祀者謂鄉中州祭社黨祭禜族祭步飲食者謂若行鄉飲酒及族食喪紀者謂若四閭爲族使之相葬之等禁令者祭祀已下皆有禁令不使失禮法。注稽猶至爲弛。釋曰夫家猶言男女者夫是丈夫則男也春秋傳曰云男有室女有家婦人稱家故以家爲女鄭司農云九比謂九夫爲井後鄭不從者以經學國中及四郊即是六鄉之内但鄉與公邑並爲溝洫無井田之法故後鄭不從玄謂九比者冢宰職出九賦者之人數也者案大宰云九賦斂財賄一曰邦中之賦二曰四郊之賦三曰邦甸之賦四曰家稍之賦五曰邦縣之賦六曰邦都之賦與此文國中四郊都鄙其事相當故知此九比出九賦者之人數云貴謂爲卿大夫賤謂占會販賣者鄭解諸文貴賤相對皆以爲貴謂卿大夫賤謂士獨此賤爲占會販賣者以其此經論九賦之事案大宰九賦有幣餘之賦幣餘謂占賣國之斥幣此經貴與老幼廢疾皆弛舍無賦唯此賤當彼幣餘之賦故爲販賣者解之云施當爲弛者周禮上下但言爲弛舍者皆經爲施字鄭皆破從弛。**乃頒比灋于六鄉之大夫使各登其鄉之衆寡六畜車輦辨其物以歲時入其數以施政教行徵令**登成也成猶定也衆寡民之多少物家中之財歲時入其數若今四時言事。畜許六反後六畜皆同。疏乃頒至徵令。釋曰言乃頒比法于六鄉之大夫者比法謂若下經五人爲伍五伍爲兩是也六鄉大夫皆六命卿爲之小司徒爲校比之法須與六鄉大夫又云使各登其鄉之衆寡六畜車輦者衆寡據人民六畜者馬牛羊豕犬鷄車謂革車及大車輦人挽行又辨其物者謂辨其家中財物多少以歲之四時具錄其數入小司徒以施政教者小司徒所施政教依其數而施

十三經注疏　周禮十一　地官司徒　十三

行之云以行徵令者以徵索於民及所施政令亦據民物等數而行之故云行徵令也。注登成也至言事。釋曰云登成也成猶定也者人畜衆寡其數不恒家家條錄數而比之則得成故登爲成也定也云衆寡民之多少者謂六口已上爲多五口已下爲少云物家中之財者經既言六畜車輦下別云辨其物明物是家中之財云歲時入其數若今四時言事者漢承周後皆四時入其數今時自役簿皆在於冬代異時殊故有革別也**及三年則大比大比則受邦國之比要**大比謂使天下更簡閱民數及其財物也受邦國之比要則亦受鄉遂矣鄭司農云五家爲比故以比爲名今時八月案比是也要謂其簿。疏及三至比要。釋曰三年一閏天道有成及至也每至三年則大案比戶口大比之時則天下邦國送要文書來入小司徒故大比則受邦國之比要也。注大比至其簿。釋曰云大比謂使天下更簡閱民數及其財物也者上經頒比法每歲之四時簡閱衆寡及其物等此經三年大比并天下邦國而言故鄭云大比謂使天丁更簡閱民數及其財物鄭不言六畜車輦者文略亦簡閱可知云受邦國之比要則亦受鄉遂矣者此經但受邦國比要上經直言頒比法於六鄉以歲時入其數不言三年大比故知此文含鄉遂也故云亦受鄉遂矣鄭司農云五家爲比故以比爲名者凡言比者是挍比之言但五家爲比者案比之法從少至多以五家爲始故以比爲名云今時八月案比是也者漢時八月案比而造籍書周以三年大比未知定用何月故司農以漢法八月況之云要謂其簿者謂若今之造籍戶口地宅具陳於簿也。

小司徒

17

乃會萬民之卒伍而用之五人爲伍五伍爲兩四兩爲卒五卒爲旅五旅爲師五師爲軍以起軍旅以作田役以比追胥以令貢賦用謂使民事之伍兩卒旅師軍皆衆之名兩二十五人卒百人旅五百人師二千五百人軍萬二千五百人此皆先王所因農事而定軍令者也欲其恩足相恤義足相救服容相别音聲相識作爲也役功力之事追逐寇也春秋莊十八年夏公追戎于濟西胥伺捕盜賊也貢嬪婦百工之物賦九賦也鄉之田制與遂同○卒子忽反注及下皆同别彼列反

疏 乃會至貢賦釋曰小司徒佐大司徒以掌六鄉六軍之士出自六鄉故預配卒伍百人爲卒五人爲伍也而用之者即軍旅田役是也五人爲伍者下文云凡起徒役無過家一人六鄉之内有比閭族黨州鄉一鄉出一軍六鄉還出六軍今言五人爲伍者五家爲比家出一人則是一比也在家爲比在軍爲伍伍者聚也五伍爲兩者在鄉五比爲閭閭二十五家也在軍伍伍爲兩兩二十五人也四兩爲卒者在鄉四閭爲族族百家也在軍四兩爲卒卒百人也五卒爲族者在鄉五族爲黨黨五百家在軍五卒爲旅旅五百人也五旅爲師者在鄉五黨爲州州二千五百家在軍亦五旅爲師師亦二千五百人也五師爲軍者在鄉五州爲鄉鄉萬二千五百家在軍五師爲軍軍亦萬二千五百人也以起軍旅者謂征伐也以作田役者謂田獵役作皆是也以比追胥者追謂逐寇胥謂伺捕盜賊以令賦貢者依鄉中家數而施政令以貢賦之事○注用至遂同○釋曰用謂使民事之者謂使人爲事即軍旅田役是也云兩二十五人已下案經五人爲伍轉相增數從五人爲伍至五師爲軍數可知也云此皆先王所因農事而定軍令者也者案管子書云因内政寄軍令謂在鄉五家爲比以營農事比長領之及其出軍家出一人五人爲伍則爲伍長領之在家閭胥領一閭在軍則爲兩司馬領之在家爲族師在軍爲卒長在家爲黨正在軍爲旅帥在家爲州長在軍爲師帥在鄉爲大夫在軍爲軍將自伍長已上全與此文不同者鄭君以義言之非彼正文也云欲其恩足相恤至音聲相識言此者解因内政寄軍令之意不使異人間雜於中也云役功力之事者鄭意欲解經文役與田不同也云追逐寇也又引春秋莊公十八年夏公追戎于濟西者案彼傳戎侵魯魯公追之出境服氏云桓公爲好莊公獨不能脩而見侵濟西曹地穀梁云其不言戎之伐我何也以公之追之不使戎邇於我也于濟西者大之也引之者證追是逐寇也云胥伺捕盜賊也者以追既爲逐寇胥爲伺捕盜賊可知云貢嬪婦百工之物者案大宰九賦之貢有九此貢獨云嬪婦百工二者此六鄉之貢不論地事則所令之貢亦不及地貢也故以此二事當之云賦九賦也者案大宰九賦一曰邦中二曰四郊二者之賦在六鄉之内此經既論六鄉之賦不得有三曰邦甸已下若然此唯有二賦而云九賦者二賦是九賦中物故總云九賦也云鄉之田制與遂同者此經之内不見田制案遂人職云夫間有遂遂上有徑十夫有溝溝上有畛百夫有洫洫上有涂千夫有澮澮上有道萬夫有川川上有路是其遂制也故云鄉之田制與遂同案鄭注遂之軍法如六鄉者與遂内不見出軍之法唯有田制而已故知遂之軍法如六鄉若然彼此各舉一邊互見爲義

以保息六養萬民

産子三人與之母二人與之餼

十四以下不從征　以上又語年十五

寬疾若今癃不可事不筭卒可事者半之

安富

庶人食稷士之秦大夫加果

庶人面不千與大夫

十三經注疏　周禮十　地官司徒　十

以保息六養萬民

一曰慈幼二曰養老三曰振窮四曰恤貧五曰寬疾六曰安富 保息謂安之使蕃息也慈幼謂愛幼少也產子三人與之母二人與之餼十四以下不從征養老七十養於鄉五十異粻之屬振窮捄天民之窮者也窮者有四曰矜曰寡曰孤曰獨恤貧貧無財業稟貸之寬疾若今癃不可事不筭卒可事者半之也安富平其繇役不專取○少詩照反捄音救本亦作拯救矜古頑反癃音隆卒子忽反 **疏** 以保至安富○釋曰上經既陳凶荒不安之事故此經陳安養萬民之道云以保息六養萬民者民不安即不得蕃息安則蕃息保安也民使蕃息有六條以養萬民故云以保息六養萬民也○保息至專取○釋曰云產子三人與之母二人與之餼皆是越語范蠡欲速報吳爲此權禮使國民衆多故令國人壯者無取老婦老者無取壯妻女子十七不嫁父母有罪丈夫二十不娶亦罪其父母生丈夫二壺酒一犬生女子一壺酒一

19

豚生三人公與之母生二人與之餼引之者見其愛幼少之法不必盡如其禮云十四以下不從征者案鄉大夫職國中七尺野自六尺皆不從征案論語云可以託六尺之孤注云六尺謂年十五則十五從征十四以上不從征可知亦是愛幼之事也云養老七十養於鄉者案王制云五十養於鄉六十養於國七十養於學彼謂大夫士也王制又云凡三王養老皆引年注云已而引戶校年當行復除也老人衆多非賢者不可皆養故食貨志云七十已上所養也此云七十養於鄉亦謂有賢行者也云五十異粻之屬者是王制文禮記常法庶人食稷士兼食黍大夫又加以粱今雖庶人至五十或與士大夫同食黍粱故云異粻云振窮拼救天民之窮者也窮者有四曰矜曰寡曰孤曰獨者案王制云老而無妻者謂之矜老而無夫者謂之寡少而無父者謂之孤老而無子者謂之獨鄭依此而言此四者天民之窮而無告者也皆有常餼故曰振窮云恤貧貧無財業稟貸之者案旅師云凡用粟春頒而秋斂之注云困時施之饒時收之是其恤貧之法故云無財業稟貸之云寬疾若今癃不可事不筭卒者漢時癃病不可給事不筭計以爲士卒若今廢疾者也云可事者半之也者謂不爲重役輕處使之取其半功而已似今殘疾者也是其寬饒疾病之法云安富平其繇役不專取者言繇役均平又不專取則富者安故云安富也

旅師聽新甿之治　無征役　授地

十三經注疏　周禮十六　地官司徒下　九一

凡新甿之治皆聽之使無征役以地之𡢃惡爲之等新甿新徙來者也治謂有所求乞也使無征役復之也王制曰自諸侯來徙家期不從政以地美惡爲之等七人以上授以上地六口授以中地五口以下授以下地與舊民同旅師掌斂地税而又施惠散利是以屬用新民焉○治直吏反注同復音福期音基上蒔掌反疏注新甿至民爲○釋曰云新甿新徙來者也者即上徙於他者是也云治謂有所求乞也者此無正文鄭以意解之以其無征役可治又新來未有業次故知治是求乞也引王制自諸侯來徙於家期不從政者彼仍有自家徙於諸侯三月不從政不引之者略引之以證有復除之法云以地美惡爲之等七人以上授之以上地已下者此皆據小司徒職文此三等據中地而言故注云有夫有婦乃成家自二人以至十人爲九等七六五者爲其中但彼六鄉上地無萊此據六遂上地有萊五十晦已外中地下地外内同皆三百晦耳

21

稅則

[illegible]算改—修[illegible][illegible]印章[illegible]

修[illegible]修役

天[illegible]十二年八成

22

矣此孟子所以比之孟子曰有布縷之征粟米之征力役之征征賦也國有軍旅之事則橫興此三賦也布軍卒以爲衣也縷紩鎧甲之縷也粟米軍糧也力役民負荷廝養之役也君子用其一緩其二用其二而民有殍用其三而父子離君子爲政雖遭軍旅量其民力不竝此三役更發異時急一緩二民不苦之若竝用二則路有餓殍若竝用三則分崩不振父子離析忘禮義矣疏孟子曰至父子離。正義曰此章言原心量力政之善者繇役竝興以致離殍養民輕斂君之道也孟子曰有布縷之征至用其三而父子離者此所以薄稅斂之言而有以救時之弊者矣孟子言有布縷之征有粟米之征有力役之征布所以爲衣縷所以紩鎧甲粟米所以爲糧力征所以荷負廝養之役然而君子爲政其於此三者之賦未嘗竝行也用其一則緩其二今夫三者之賦皆取民之類也如用

用民之力歲不過三日治宮室城郭道渠疏正義曰此一經前明以殷法此則兼通周禮○三日謂使民治城郭道渠年歲雖豐不得過三日自下皆然按周禮均人云豐年旬用三日中年旬用二日無年旬用一日年歲不同雖豐不得過三日○田里不粥墓地不請皆受於公民不得私也粥賣也請求也疏田里至不請○正義曰田地里邑既受之於公民不得粥賣冢墓之地公家所給族葬有常不得輒請求餘處○司空執度度地司空冬官卿掌邦事者度丈尺也○度度上如字下大洛反量也居民山川沮澤時四時觀寒煖燥濕沮謂萊沛○沮將慮反沮沮洳也煖乃管反又況袁反下文同萊音來何胤云草所生曰萊庾云草也沛蒲貝反何胤云水所生曰沛何休注公羊傳云草棘曰沛量地遠近制邑井之處○處昌慮反興事任力

事謂築邑廬宿市也○任而鴆反築音竹凡使民任老者之事食壯者之食寛其力饒其食○食壯音嗣或如字下側狀反疏司空至之食○正義曰此一節論司空居民并

任以事食之事言司空執度度地者謂司空執丈尺之度以量度於地居處於民觀山川高下之宜沮澤浸潤之處又必以時候此四時知其寒煖○注觀寒至萊沛○正義曰言觀寒煖解四時燥濕解山川沮澤燥謂山也濕謂川與沮澤謂萊沛者何胤云沮澤下濕地也草所生爲萊水所生爲沛言沮地是有水草之處也○注制邑井之處○正義曰按小司徒云九夫爲井四井爲邑爲邑之處謂平原之地衍沃之所堪造邑井即左傳所謂井衍沃也若山林藪澤則不堪邑井也○注事謂至市也○正義曰上云用民之力惟三日而已故注云治宮室城郭道渠此言興事言興則用力難重故云事謂築邑築邑則築城也又築廬之與宿及市按遺人云凡國野之道十里有廬三十里有宿五十里有市是也○凡使民任老者之事食壯者之食者○凡國家爲役之法老少功程不同老則功少壯則功多今使民之時雖役壯者限以老者之功程故曰任老者之事凡廩餼牲體壯者食多老者食少雖老者給以壯者之料故食壯者之食壯者從老者之功故注云寛其力老給壯糧故云饒其食○凡居民材必因天地寒煖燥濕使其材藝堪地氣也○燥素老反廣谷大川異制謂其形象民生其間者異俗謂其所好惡○好惡上呼報反下烏路反剛柔輕重遲速異齊謂其情性緩急○齊才細反緩戶管反五味異和謂香臭與鹹苦○和胡臥反下同臭尺救反器械異制謂作務之用○械戶戒反何休注公羊云攻守之器曰械鄭注大傳云禮樂之器及兵甲也郭璞三蒼解詁云械器之總名衣服異宜謂旃裘與絺綌○旃裘上之然反下音求絺勑宜反綌去逆反脩其教不易其俗齊其政不易其宜教謂禮義政謂刑禁中國戎夷五方之民皆有性也不可推移地氣使之然

○凡居民量地以制邑度地以居民地邑

民居必參相得也得猶足也○度大洛反參七南反

25

職役

古者臣有大喪三年不呼其門

父母

齊衰大功之喪三月　不從政

及殷既殯葬而致事

周卒哭

已練弁冕服金革之事——非古礼

閔子要絰而服事退而致仕

古者臣有大喪則君三年不呼其門重奪孝子之恩也禮父母之喪三年不從政齊衰大功之喪三月不從政孔子曰夏后氏三年之喪既殯而致事殷人既葬而致事周人卒哭而致事君子不奪人之親亦不可奪親也疏注禮父至不從政○解云禮記王制文也此政謂稅矣○注故孔子至卒哭而致事○解云曾子問文鄭云致事者還其職位於君是也○注君子至親也○解云亦曾子問文彼云君子不奪人之親亦不可奪親也此之謂乎鄭云二者恕也孝也者是已練可以弁冕此說詩衰正失非謂禮當然弁禮所謂皮弁爵弁也皮弁武冠爵弁文冠夏曰收殷曰冔周曰弁加旒曰冕主所以入宗廟○冔況甫反疏注夏曰至曰弁○解云即郊特牲云周弁殷冔夏收是也○注加旒曰冕○解云何氏以爲弁冕之形制一耳但加旒爲異矣注主所以入宗廟○解云以其文冠故也服金革之事謂以兵事使之君使之非也非古道也臣行之禮也臣順爲命亦禮也此與君放之非臣待君放正同故引同類相發明閔子閔子騫以孝聞疏注閔子騫以孝聞○解云出論語也要絰而服事禮已練男子除乎首婦人除乎帶○要一遥反疏注禮已至乎帶○解云閔傳文孔子蓋善之也者蓋猶是也言於此三事孔子皆善之其三事者初則要絰而服事次則謂君爲古者後則退而致事是也既而曰若此乎古之道不即人心既事畢言古者不敢斥君即近也退而致仕退退身也致仕還祿位于君孔子蓋善之也善其服事外得事君之義致仕內不失親親之恩言古者又孫順不訕其君也不言君子者時賢者多以爲非唯孔子以爲是○孫音遜○公會齊侯于平州○公子遂如齊○六月齊人取濟西田外取邑不書此何

唐元　以

2

力役

年饑用不足之用非指衆　癸巳類稿

六徵之用義

役　生

與我若賓主相讓旅俱進退乃賞犂彌齊師之在夷儀也齊侯謂夷儀人曰得敝無存者以五家免給其五家令常不共役事。令力呈反共音恭疏注給其至役事。正義曰一人得之則以五家給所得者令常不共國家役事服虔云是時齊克夷儀而有之既爲齊有故齊得優其傜役也然夷儀故邢都也邢滅入衛後乃屬晉自齊而伐夷儀其入晉竟深矣不必永爲齊有當時暫得之耳

六三九

大役則帥民徒而至治其政令既役則受州里之役要以攷司空之辟以逆其役事而至至作部曲也既已也役要所遣民徒之數辟功作章程逆猶鉤考也鄭司農云辟法也○辟婢亦反 疏 大役至役事 釋曰言大役者謂築作堤防城郭等大役使其民鄉師則於當鄉之內帥民徒而至至謂至作所也云治其政令者於所帥民徒之中政令也云既役則受州里之役要者所役之民出於州里今欲鉤考作所功程須得所遣民徒本數故云既役則受州里之役要役要則役人簿要云以考司空之辟者辟謂功程司空主役作故將此役要以鉤考司空之功程云以逆其役事者逆則鉤考也鉤考役事者恐有濫失○注而至至作部曲也至法也○釋曰云而至至作部曲也者所營作之處皆有部曲分別故云部曲也云辟功作章程者功作之事日日鉤其程限謂之章程鄭司農云辟法也考功作章程則是法於義得通故引之在下凡邦事令作秩敘事功力之事秩常也敘猶次也事有常次則不偪匱○偪鄙力反匱其位反 疏 凡邦至秩敘○釋曰邦國也凡國家有功作之事故云邦事也令作秩敘者秩常也功作之處皆出政令使多少有常事有次敘故云令作秩敘○注事功至偪匱○釋曰言事有常次則不偪匱者謂營作之事多少有常事有次敘則民不為偪迫又不匱乏故云不偪匱

役法（軍役）

大軍旅會同正治其徒役與其輂輦戮其犯命者［注］輂駕馬輦人輓行所以載任器也止以爲蕃營司馬法曰夏后氏謂輦曰余車殷曰胡奴車周曰輜輦輦一斧一斤一鑿一梩一鉏周輦加二版二築又曰夏后氏二十人而輦殷十八人而輦周十五人而輦故書輦作連鄭司農云連讀爲輦○輂九玉反輓音晚梩里其反○［疏］大軍至命者○釋曰云大軍旅者謂王行征伐云大會同者謂王於國外與諸侯行時會殷同也云正治其徒役者謂六軍之外別有民徒使役皆出於鄉故鄉師治其徒役云與其輂輦者輂駕馬所以載輜重輦所以載任器亦鄉師治之故云與其輂輦也云戮其犯命者謂徒役之中有犯教命者亦鄉師刑戮之○注輂駕至爲輦○釋曰知輂是駕馬者以其輦是人輓行故輂是駕馬可知知輂不駕牛者以其牛惟駕大車柏車等云所以載任器也者謂任使之器則司馬法所云者是也引司馬法曰夏后氏謂輦曰余車殷曰胡奴車者胡則北狄是也周曰輜輦以其載束輜重云一梩者或解以爲插也或解以爲鍬也鍬插亦不殊云周輦加二版二築者築者築杵也謂須築軍壘壁又曰夏后氏二十人而輦以下亦是司馬法文以上說所載任器以下說輓人多少前代寬質無版築輓人多後代捄劣加版築輓人少引之者證周輦即此經輦一也又并見所載之器

（地方）鄉師

輂 輦

鄉師：大軍旅——王行征伐——大會同——王於國外與

諸侯……會同

六軍之外別有民徒使役皆出于鄉

大軍旅帥其衆庶帥帥而致於大司徒疏注帥帥至司徒○釋曰案大司徒職大軍旅以旗致萬民明此大軍旅帥其衆庶者小司徒於六鄉之內帥其衆庶致與大司徒可知

小軍旅巡役治其政令巡役小力役之事則巡行之○行下孟反疏小軍至政令○釋曰案大司徒大軍旅大田役而治其徒庶之政令故此小軍旅巡役小司徒治其政令○注巡役至行之○釋曰此經小軍旅謂使臣征伐對大軍旅天子親行此經巡役文承小軍旅下故知小功役之事則巡行之若大功役則大司徒巡行之

大喪帥邦役治其政教喪役正棺引窆復土○窆彼驗反劉補鄧反復劉音福一音服疏大喪至政教○釋曰云大喪者謂王喪帥邦役者邦國也帥領國民謂六鄉衆庶役使之事因即治其政教○注喪役至復土○釋曰鄭解經大喪所役不據初死以其初死所役無多故據葬時而言言正棺者謂若七月而葬朝廟之時正棺於廟引謂葬時引柩車自廟至壙窆謂下棺於坎天子六綍四碑皆碑挽引而下棺云復土者掘坎之時掘土向外下棺之後反復此土以爲丘陵故云復土也

小司徒

假讀右

往也（言必往）孟氏選圉人之壯者三百人以爲公期築室於門外（實欲以備難不欲使人知故僞築室於門外因得聚衆公期孟氏支子。圉魚呂反爲于僞反）林楚怒焉及衢而騁（騁馳也。騁勑領反）陽越射之不中築者闔門（季孫既得入乃閉門。射食亦反下同中丁仲反闔戶臘反）

有自門間射陽越殺之陽虎劫公與武叔（武叔叔孫不敢之子州仇也。劫居業反仇音求）以伐孟氏公斂處父帥成人自上東門入（魯東城之北門）與陽氏戰于南門之內弗勝又戰于棘下（城內地名）陽氏敗陽虎說甲如公宮取寶玉大弓以出舍于五父之衢寢而爲食其徒曰追其將至虎曰魯人聞余出喜於徵死何暇追余（徵召也陽虎召季氏於蒲圃將殺之今得脫必喜故言喜於召死。說本又作稅同他活反得脫徒活反又他活反）疏注徵召至召死。正義曰徵召也釋言文陽虎召季孫欲殺之今既得脫魯人歡喜季孫免於召死之事何暇追我劉炫云陽虎召孫欲殺之則召季孫爲召死季孫得脫必大喜魯人聞我出去喜於召死言人人皆喜於季孫從者曰嘻速駕公斂陽在（嘻歎聲。嘻許其反）公斂陽請追之孟孫弗許（長陽虎）陽欲殺桓子（欲因亂討季氏以強孟氏）孟孫懼而歸之（不敢殺）子言辨舍爵於季氏之廟而出（子言季寤辨猶周徧也徧告廟飲酒示無懼。言辨音遍注徧同舍如字）陽虎入于讙陽關以叛（叛不書畧家臣。讙音歡）〇鄭

卷八

力役

修京華宅

赴昭三敘損里旅

力役

食城杞者一般果出於役吾人從城杞矣

以老人與役度其長

襄卅三月癸未条

徭役

旅客之役

左宣十二　旅有施舍

徭役

正徒——若今正丁常共官役

吾觀九使華邑具正徒

役法

濟館西室

○是月也耕者少舍乃脩闔扇寢廟畢備舍猶止也因蟄蟲啓戶耕事少閒而治門戶也用木曰闔用竹葦曰扇畢猶皆也凡廟前曰廟後曰寢○闔戶臘反閒音閑○毋作大事以妨農之事大事兵役之屬疏注用木至曰寢○正義曰按襄十八年左傳云晉州綽以枚數闔是齊城門而云闔是闔用木也此扇與闔相對文又此耕者少舍謂庶人庶人蓽門故以爲竹葦曰扇云凡廟前曰廟後曰寢者廟是接神之處其處尊故在前寢衣冠所藏之處對廟爲卑故在後但廟制有東西廂有序牆寢制惟室而已故釋宮云室有東西廂曰廟无東西廂有室曰寢是也是月也毋竭川澤毋漉陂池毋焚山林順陽養物也畜水曰陂穿地通水曰池○漉音鹿竭也陂彼宜反尚書傳云澤障曰陂停水曰池畜勑六反

仲春耕者少舍乃脩闔扇

用木曰闔用竹葦曰扇

仲春毋作大事以妨農之事——大事兵役

仲春毋竭川澤毋漉陂池毋焚山林

廟與寢一類同

畜水曰陂穿地通水曰池

月令仲春

哭無時有三種

三年之喪期不使小祥以後一卒哭而服金革之事

疏既殯至明器○正義曰此一節論葬禮須豫備之事○既殯旬謂殯後十日也○而布材與明器者布班也材謂椁材也殯後十日而班布告下覓椁材及送葬明器之材或云布其木宜乾腊故豫須暴之也士喪禮筮宅吉左還椁獻明器之材于殯門外是也

朝奠日出夕奠逮日○陰陽交接庶幾遇之 逮音代或大計反

父母之喪哭無時使必知其反也 謂既練或時爲君服金革之事反必有祭

疏父母至反也○正義曰禮哭無時有三種一是初喪未殯之前哭不絕聲二是殯後除朝夕之外廬中思憶則哭三是小祥之後哀至而哭或一日二日而無復朝夕之時也此云哭無時謂小祥之後也何以知然下云使必知其反是其可使之時也○使必知其反也者使謂君使之也既小祥無哭時其時可爲君所使服金革之事也反還也若爲使還家當必設祭告親之神令知其反亦出必告反必面之義也○注謂既練或時爲君服金革之事反必有祭者禮運云三年之喪期不使公羊傳亦期不使是知期內不使則期外可使也而曾子問云卒哭服金革之事無辟此魯侯有爲爲之也喪大記云卒哭而服金革之事鄭云權禮也是知卒哭而使非正禮也

檀弓上

艽野　牧伯大夫被役

月朔而去

明明上天照臨下土箋云明明上天喻王者當光明如日之中也照臨下土喻王者當察理天下之事也據時幽王不能然故舉以刺之。我征徂西至于艽野二月初吉載離寒暑艽野遠荒之地初吉朔日也箋云征行徂往也我行往之西方至於遠荒之地乃以二月朔日始行至今則更夏暑冬寒矣尚未得歸詩人牧伯之大夫使述其方之事遭亂世勞苦而悔仕。艽音求更音庚。

○傳艽野至朔日。正義曰野是遠稱艽蓋地名言其歷日長久明當至於遠處故言遠荒之地爾雅四海之外遠地謂之四荒言在四方荒昬之國也此言荒者因彼荒是遠地故言荒爲遠辭非卽彼之四荒也何則牧伯之大夫行其所部而已不得越四海而至四荒也言荒者若微子云吾家耄遜于荒謂在外野而已此言二月朔而始行下章鄭以四月而至假令還以朔到尚六十日也以日行五十準之則三千里矣州之遠境容有三千但述職之行有所過歷不知定日幾里也以言初而又吉故知朔日也君子舉事尚早故以朔爲吉周禮正月之吉亦朔日也。箋詩人牧伯之大夫。正義曰知者以言我征徂西至于艽野是遠行巡歷之辭又曰我事孔庶是行而有事非征役之言是述事明矣述事者雖牧伯耳故知是牧伯之下大夫也若然王之存省諸侯亦使大夫行也知此非天子存省諸侯使大夫者以王使之存省上承王命適諸侯奉使有主至則當還不應云我事孔庶歲莫不歸故不以爲王之大夫也牧伯部領一州大率二百一十國其事繁多可以言孔庶也前事未了後又委之可以言政事愈蹙也如此則爲牧伯之大夫於事爲宜故也且牧伯之大夫不在王之朝廷今而爲王所苦所以於悔切耳然則牧伯大夫自仕於牧非王所用而言悔仕者此之勞役由王所爲故曰幽王不能微是者王而使已多勞故怨王而悔仕也言牧伯者以牧一州之方伯謂之牧伯然單言之直牧耳此言述職之大夫則容牧下二伯之大夫不必專侯牧之伯一人而已。

北役

牧伯大夫之被役

小明大夫悔仕於亂世也。名篇曰小明者言幽王日小其明損其政事以至於亂。疏小明五章上三章章十二句下二章章六句至亂世。正義曰小明詩者牧伯大夫所作自悔仕於亂世謂大夫仕於亂世使於遠乃令已勞苦故悔也首章箋云詩人牧伯之大夫使述其四方之事然則牧伯大夫使述其四方之事是常令而悔仕者以牧伯大夫雖行使是常而均其勞逸有期而反今幽王之亂役則偏苦行則過時也故我事孔庶箋云王政不均臣事不同是偏苦也歲聿云莫箋云乃至歲晚尚不得歸是過時也偏當勞役愿日長久故所以悔也經五章皆悔仕之辭雖摠爲悔仕而發但所悔有意故首章言載離寒暑以日月長久是悔仕箋因其篇初故言遭亂世勞

十三經注疏　詩十三之一　小雅　谷風之什　六

言而悔仕三章言其自詒伊戚是憂悔之語故箋云悔仕之辭其實皆悔辭也

北山大夫刺幽王也役使不均已勞於從事而不得養其父母焉○使如字已音紀下注踰已同養餘亮反疏北山六章三章章六句三章章四句至父母焉○正義曰經六章皆怨役使不均之辭若指文則大夫不均我從事獨賢是役使不均也朝夕從事是已勞於從事也憂我父母是由不得養其父母所以憂之也經序倒者作者恨勞而不得供養故言憂我父母序以由不均而致此怨故先言役使不均也

四月大夫刺幽王也在位貪殘下國構禍怨亂並興焉【疏】四月八章章四句至興焉。正義曰四月詩者大夫所作以刺幽王也以幽王之時在位之臣皆貪暴而殘虐下國之諸侯又構成其禍亂結怨於天下由此致怨恨禍亂並興起焉是幽王惡化之所致故刺之也經云廢爲殘賊是在位貪殘也我日構禍是下國構禍也民莫不穀是怨亂也亂離瘼矣是亂事也言怨亂並興者王

十三經注疏　詩十三之一　小雅　谷風之什　四

政殘虐諸侯構禍是亂也亂既未弭則民怨不息政亂民怨同時而起故云並興也經八章皆民怨刺王之辭此篇毛傳其義不明王肅之說自云述毛於六月徂暑之下注云詩人以夏四月行役至六月暑往未得反已闕一時之祭後當復闕二時也先祖匪人之下又云征役過時曠廢其祭祀我先祖獨非人乎王者何爲忍不憂恤我使我不得脩子道案此經序無論大夫行役祭祀之事據檢毛傳又無此意縱如所說理亦不通故孫毓難之曰凡從役踰年乃怨雖文王之師猶采薇而行歲暮乃歸小雅美之不以爲譏又行役之人固不得親祭攝者脩之未爲有闕豈有四月從役六月未歸數月之間未過古者出師之期而以刺幽王亡國之君乎非徒如毓此言首章始廢一祭已恨王者忍已復闕二時彌應多怨何由秋日冬日之下更無先祖之言豈廢闕多時反不恨也以此王氏之言非得毛意孫以爲如適之徂皆訓爲往今言往暑猶言適暑耳雖四月爲夏六月乃之適盛暑非言往而退也詩人之興言治少亂多皆積而後盛盛而後衰衰而後亂周自太王王季王業始起猶維夏也及成康之世而後致太平猶徂暑也暑往則寒來故秋日繼之冬日又繼之善惡之喻各從其義毓自云述毛此言亦非毛旨何則傳云暑盛而往矣是既盛而後往也毓言方往之暑不得與毛同矣毓之所說義亦不通案經及序無陳古之事太王成康之語其意何以知然又以四月爲周基六月爲尤盛則秋日爲當誰也直云秋日繼之冬日又繼之不辨其世之所當何哉若言成康之後幽王之前則其間雖有衰者未足皆爲殘虐何故以凉風喻其病害百卉乎若言亦比幽王則已歷積世當陳其漸何故幽王頓此二時中間獨爾闕絕也又毓言以爲有漸則幽王既比於冬不得更同秋日不宜爲幽王何傷先世之亂離哉如是則王孫之言皆不可據爲毛義也今使附之鄭說唯一徂字異耳計秋日之寒未知冬時反言百卉具腓以譬萬民困病其喻有甚於冬則三者別喻不相積累以四時之中九可慘酷者莫過於冬日故以比王身自言上之所行不論病民之狀以冬時草木收藏而無可比下故獨言王惡也二章以凉風之害百草喻王政之病下民首章言王惡之有漸嚴寒毒暑皆是可患各自爲興不相因也其興之日月先後爲章次耳

古之役法

蓼莪刺幽王也民人勞苦孝子不得終養爾不得終養者二親病亡之時時在役所不得見也○蓼莪上音六下五河反養餘亮反注除鞠養也穀養也二字餘並同

疏蓼莪六章上下各二章章四句中二章章八句至終養爾○正義曰民人勞苦致令孝子不得於父母終亡之時而侍養之民人勞苦五章卒章上二句是也不得終養卒章卒句是也其餘皆是孝子怨不得終養之辭○箋不得至得見○正義曰經言銜恤靡至是親沒之辭序言不得終養繼於勞苦之下是勞苦不見父母也故言不得終養者二親病亡之時時在役所不得見之也終是亡之稱亡連言病者以亡必用病言終可以兼之親病將亡不得扶侍左右孝子之恨最在此時故連言之

蓼蓼者莪匪莪伊蒿興也蓼蓼長大貌箋云莪已蓼蓼長大貌視之以爲非莪故謂之蒿興者喻憂思雖在役中心不精識其事○蒿呼毛反長張丈反下皆同思息嗣反○

缾之罄矣維罍之恥缾小而罍大罄盡也箋云缾小而盡罍大而盈言爲罍恥者刺王不使富分貧衆恤寡○缾蒲丁反罄苦定反罍音雷

鮮民之生不如死之久矣鮮寡也箋云此言供養日寡矣而我尚不得終養恨之言也○鮮息淺反供九用反

無父何怙無母何恃出則銜恤入則靡至箋云恤憂靡無也孝子之心怙恃父母依依然以爲不可斯須無也出門則思之而憂旋入門又不見如入無所至○怙音戶韓詩云怙賴也恃負也

疏缾之至靡至○正義曰罍器大缾器小缾酌於罍當多酌罍少酌缾不使小缾先竭今缾之既盡矣而罍尚盈滿是爲酌罍者之恥也以興民有富而多丁貧而寡弱治民者當多役富少役貧不使貧者先困今貧者既困矣而富者尚饒裕是王之恥也今王不以爲恥偏困貧民我不得供養故因此以恨言寡矣民之一生也言生而得養其日尚寡況我尚不得終養是可恨之甚如此我不如死之久矣言已雖生不如死之已久也所以然者以無父何所依怙無母何所倚恃已無父母出門則以中心銜憂旋來入門則堂宇空曠不復覩見如行田野無所有至是其所以悲恨也○箋缾小至恤寡○正義曰釋器云小罍謂之坎孫炎曰酒罇也郭璞曰罍形似壺大者受一斛是罍大如缾也言缾盡矣對罍盈言爲罍恥者是爲主罍者之恥即酌者也以罍大似富衆缾小似貧寡然罍缾並列俱以酌之則當多酌罍而少酌缾以至於俱盡是均也猶上之賦役以富貧並對俱以役之則當多役富而少役貧以至於俱堪亦爲均也今缾盡而罍盈盈者滿也是全不酌之辭猶偏役貧寡而富衆不行故言恥者刺王不使富分貧衆恤寡也謂不使富者分貧者之役衆者憂寡者之勞而共之也言缾罄則罍盈矣罍既無情之物終不以自盈爲恥故知是爲罍者恥以喻王恥也○箋孝子至所至○正義曰作詩之日已反於家故言出入之事入門無見又似非殯

是已卒哭之後也入門上堂不見慨焉廓焉時寬爲甚三年之外孝子之情亦然但此以三年內年

山烈烈飄風發發烈烈然至難也發發疾貌箋云民人自苦見役視南山則烈烈然飄風發發然寒且疾也。飄避遙反後篇同本又作票**民莫不穀我獨何害**箋云穀養也言民皆得養其父母我獨何故覩此寒苦之害

南

疏南山至何害。正義曰孝子言已在役之苦我本從役苦於南山值時寒甚視南山則烈烈然愴其至役之勞苦而情以爲至難也又遇飄風發發然寒而且暴疾也於時天下之民豈不皆得養其父母者我獨何故覩此寒苦之甚害而不得養父母乎此何害與下不卒互也。箋言民至之害。正義曰何害者皆以已剌彼故言他得孝養已獨寒苦此則怨者之常辭且虐君者役賦不平非無閑豫之人故作者言已偏苦得稱民莫不穀也

南山律律飄風弗弗律律猶烈烈也弗弗猶發發也**民莫不穀我獨不卒**箋云卒終也我獨不得終養父母重自哀傷也。卒子恤反重直用反

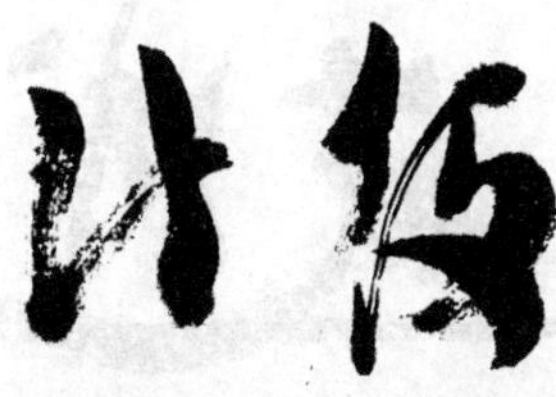

蓼義六章四章章四句二章章八句

大東刺亂也東國困於役而傷於財譚大夫作是詩以告病焉譚國在東故其大夫尤苦征役之事也魯莊公十年齊師滅譚。譚徒南反國名【疏】大東七章章八句至告病焉。正義曰作大東之詩者刺亂也時東方之國偏於賦役而損傷於民財此譚之大夫作是大東之詩告於王言已國之病困焉困民財役以至於病是爲亂也言亂者政役失理之謂揔七章之言皆是也言困於役者對則貨財謂之賦功力謂之役案此經文及傳箋皆刺賦斂重薄無怨力役之事故哀我憚人箋云哀其民人之勞苦亦不欲使周之賦斂則亦可息也是欲息其賦斂非力役也但王數徵賦須轉餫輸之勞卽是役也四章云職勞不來下箋云東人勞苦而不見謂勤言送轉輸而不蒙勞來是困於役之事也經則主怨財盡故唯言賦重斂則兼言民勞故云困役由送衰財以致役故先言之從首章以盡三章皆是困役財之事四章以下言周衰政偏衆官廢職由此已國所以賦重故言之以刺周亂也言病者雖七章皆是若指事而言則哀我憚人亦可息也是所苦之辭也言東國者譚大夫以譚國在東而見偏役故經云小東大東敘亦順之而言東國爲不指譚而言東者譚大夫雖自爲已

怨而王政大經偏東非譚獨然故言東以廣之譚大夫者以別於王朝也普天之下莫非王臣必別之者以此主陳譚國之偏苦勞役西之人優逸是有彼此之辭故須辨之明爲譚而作故也若汎論世事則不須分別小明大夫悔仕於亂彼牧伯大夫不言其國是也。箋譚國至滅譚。正義曰解譚大夫而序言東國之意也莊十年齊師滅譚是春秋經也傳曰齊侯之出也過譚譚不禮焉及其入也諸侯皆賀譚又不至是以齊師滅之引此者證其在京師之事也。

古之役法（王室役之財產）

戎狄

戎夷

太史公列

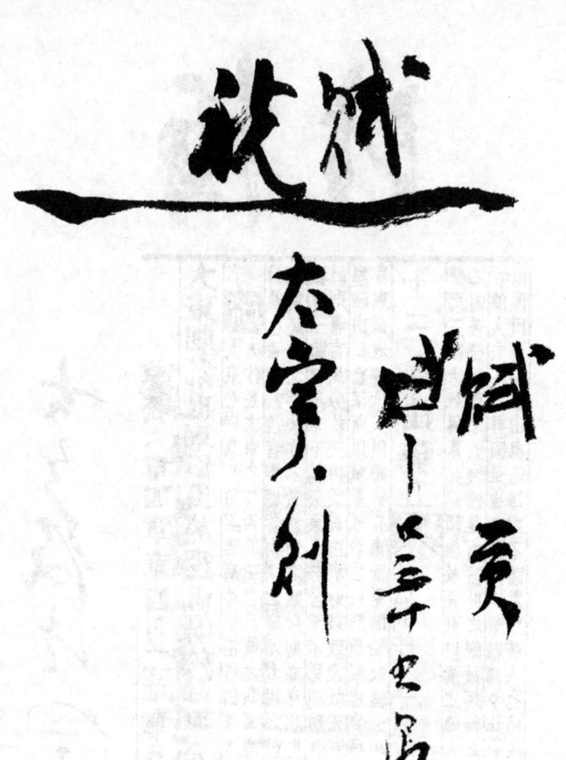

周禮廿·三上

○冬城防書事時也土功雖有常節通以事間為時〔疏〕注土功至為時○正義曰莊二十九年傳例曰凡土功龍見而畢務戒事也火見而致用水昏正而栽是土功之常節也本設此節以為農事既間故以此時興土功今此冬城防經傳皆不言月當在火見致用之前此歲農收差早雖天象未至而民事已閒故云土功雖有常節通以事間為時言時節未是時而事以得時故言書事時也釋例曰冬城防臧武仲請畢農事故傳曰書事時也言興作出火見致用之前亦得兼以事時而禮之於是將早城臧武仲請俟畢農事禮也

十三經注疏　春秋左傳三十二　襄公十三年　八

襄十三

孟子　卷七

○孟子曰：有布縷之征，粟米之征，力役之征。君子用其一，緩其二。用其二而民有殍，用其三而父子離。

○孟子曰：諸侯之寶三：土地，人民，政事。寶珠玉者，殃必及身。

七

以聲皆假借事

假一諸達錯婁皆為證

比役

以謚謂之文也○注孔曰至謚也○正義曰云孔文子衛大夫孔圉者左傳文也云文謚也者案謚法云勤學好問曰文

子謂子産有君子之道四焉孔曰子産鄭大夫公孫僑其行己也恭其事上也敬其養民也惠其使民也義

疏子謂至也義○正義曰此章美子産之德子謂子産有君子之道四焉者孔子評論鄭大夫子産事上使下有君子之道四焉下文是也其行己也恭者一也言己之所行常能恭順不違忤於物也其事上也敬者二也言承事在己上之人及君親則忠心復加謹敬也其養民也惠者三也言愛養於民振乏賙無以恩惠也其使民也義者四也義宜也言役使下民皆於禮法得宜不妨農也○注孔曰至孫僑○正義曰案左傳子産穆公之孫公子發之子名僑公子之子稱公孫襄三十年執鄭國之政故云鄭大夫公孫僑也公子發字子國公孫之子以王父字爲氏據後而言故後或謂之國僑

子

公冶長

就近之則顔色溫和及聽其言辭則嚴正而無佞邪也子夏曰君子信而後勞其民未信則以爲厲己也王曰厲猶病也信而後諫未信則以爲謗己也疏子夏曰君子信而後勞其民未信則以爲厲己也信而後諫未信則以爲謗己也○正義曰此章論君子使下事上之法也厲猶病也言君子若在上位當先示信於民然後勞役其民則民忘其苦也若未嘗施信而便勞役之則民以爲從欲崇侈妄加困病於己也若爲人臣當先盡忠於君待君信己而後可諫君之失若君未信己而便稱君過失以諫諍之則君以爲謗讟於己也子夏曰大德不

旅師恤民艱阨——如遺人于鄉里

旅師貸民

縣官聚物曰興——漢軍興

而用之以質劑致民平頒其興積施其惠散其利而均其政令而讀爲若聲之誤也若用之謂恤民之艱阨委積於野如遺人於鄉里也以質劑致民案入稅者名會而貸之興積所興之積謂三者之粟也平頒之不得偏頗有多少縣官徵聚物曰興今云軍興是也是粟縣師徵之旅師斂之而用之以賜衣食曰惠以作事業曰利均其政令者皆以國服爲之息○而用而音若出注積子賜反注同 疏 而用至政令○釋曰若用謂用上者之粟也○注而讀至之息○釋曰鄭必讀而爲若者所聚之粟民有艱阨乃用之無則貯待凶年則若爲不定之辭其而字無義例故鄭轉爲若也云若用之謂恤民之艱阨者案遺人云鄉里之委積以恤民之囏阨此六遂即鄉里也故鄭云委積於野如遺人之於鄉里也云以質劑致民案入稅者名會而貸之者所聚之粟遷擬凶年振恤所輸入之人欲與之粟還案入稅者之人名會計多少以貸之彌書若市券有長短故云質劑也云縣官徵聚物曰興者六遂已外縣師徵之故云縣官徵聚物曰興云今云軍興是也者鄭舉漢法況之興皆是積聚之義也云是粟縣師徵之者案上縣師職云歲時徵野之賦貢故知也云旅師斂之者即上文聚三等粟是也云而用之則若用之是也云以賜衣食曰惠知者以衣食先當時用不生其利故云惠所爲事業後即有利故云利此對文惠利兩有故爲此釋若通而言之惠利爲一故論語孔子云因民所利而利之不亦惠而不費是惠利通也云均其政令者皆以國服爲之息者亦如泉府凡民之貸者以國服爲之息鄭彼注云以其於國服事之稅而出息也於國事受園廛之田而貸萬泉者則朞出息五百若然近郊之田貸萬泉朞出息一千已外遠郊甸稍縣都皆依國可知凡用粟春頒而秋斂之困時施之饒時收之 疏 凡用至斂之○釋曰上經所云是貸而生利此經所云是直給不生利也官得舊易新民得濟其困乏官民俱益之也

（地方）

徭役

小司徒凡用衆庶　掌其政教　與其戒禁
聽其辭訟施其賞罰誅其犯命者

凡用衆庶則掌其政教與其戒禁聽其辭訟施其賞罰誅其犯命者命所以誓告之疏凡用至命者○釋曰言凡用衆庶者則上經所云是也其衆庶皆是六鄉之民小司徒主教六鄉六鄉衆是已民故用衆庶之時則掌其政教與其戒禁又聽斷其賞罰又誅責犯命者○注命所以誓告之○釋曰所誓告者謂若大司馬羣吏聽誓於陳前司徒北面以誓之小子斬牲左右以徇陳曰不用命者斬之是其誓告之事也○

小司徒

餘子

凡國之大事致民大故致餘子

凡國之大事致民大故致餘子大事謂戎事也大故謂災寇也鄭司農云國有大事當徵召會聚百姓則小司徒召聚之餘子謂羨也玄謂餘子卿大夫之子當守於王宮者也○疏凡國至餘子○釋曰凡國之大事者謂有兵戎之大事出征之時云致民者謂有兵戎大事於六鄉之內發起民徒云大故致餘子者謂有災寇之事餘子卿大夫之子弟當大故之時則致餘子與大子使宿衛也○注大事至者也○釋曰知大事謂戎事者見左氏成公傳云國之大事在祀與戎此言致民明非祭祀是戎事可知故云大事謂戎事也云大故謂災寇也者經云致餘子明大故非三喪是水火之災及其兵寇司農云餘子謂羨也者以其羨卒唯田與追胥竭作乃使之此經大故不合使羨故鄭不從之玄謂餘子卿大夫之子當守於王宮者也知義然者以經云大故當宿衛王宮案書傳云餘子皆入學則餘子不得爲羨是宿衛之人故云餘子卿大夫之子當守於王宮者也是破司農之義

（司徒）

夫家——男女

九比——出入減之人數

廢疾

施舍

國中之郊遂之鄙之民所居

征役

從人會計表記

鄉與之邑　疑為宿向年毋田之民

比法

頒職事十有二于邦國｜｜八同大宰九職

世事｜｜士之子恒為士之〻

生材｜｜養竹木

樹蓺｜｜植木　蓺｜｜種黍稷

服事｜｜為公家服事者

[illegible]

頒職事十有二于邦國都鄙使以登萬民一曰稼穡二曰樹蓺三曰作材四曰阜蕃五曰飭材六曰通財七曰化材八曰斂材九曰生材十曰學藝十有一曰世事十有二曰服事鄭司農云稼穡謂三農生九穀也樹蓺謂園圃毓草木作材謂虞衡作山澤之材阜蕃謂藪牧養蕃鳥獸飭材謂百工飭化八材通財謂商賈阜通貨賄化材謂嬪婦化治絲枲斂材謂臣妾聚斂疏材生材謂閒民無常職轉移執事學藝謂學道藝世事謂以世事教能則民不失職服事謂爲公家服事者玄謂生材養竹木者○飭音勑注同賈音古閒音閑

疏頒職至服事。○釋曰大司徒主天下人民之數故頒下民之職事十有二條於天下邦國及畿內都鄙使以登成萬民此經不言鄉遂及公邑者舉外以包內司徒親主鄉遂公邑頒之可知云一曰稼穡已下至八曰斂材已上即大宰九職中八者是也大宰既掌之此又重掌者以大宰尊官揔知其數此司徒是主民之官親自頒行義各有異也云一曰稼穡者種之曰稼斂之曰穡二曰樹蓺者樹謂植木謂若樹之榛栗蓺謂種黍稷謂若蓺麻如之何我蓺黍稷之類是也案大宰有九職此

十三經注疏　周禮十　地官司徒　十二

八曰斂材已上與太宰同太宰有九此唯八者太宰言任萬民隨意所云故有九九曰閒民無常職轉移執事此司徒云須職事不可須之使民轉移執事故闕之唯有八也九曰生材已下加此四事者以其司徒主民此四事者是民之事業及學問故別增之也○注鄭司至木者○釋曰鄭司農云稼穡謂三農生九穀也者自此已下至聚斂疏材皆與太宰同但文有詳略其言異耳九穀須稼穡故變言稼穡耳樹藝與園圃毓草木者同草木須樹藝故亦變言樹藝耳云作材謂虞衡作山澤之材者此文有詳略耳云阜蕃謂藪牧養蕃鳥獸者但養蕃不言阜此言阜字者欲見非直蕃息又使阜盛云飭材謂百工飭化八材者此亦文有詳略耳云通財謂商賈阜通貨賄者貨賄即財也亦文有詳略耳云斂材謂臣妾聚斂疏材者此亦文有詳略耳此八者之義以具釋於太宰故此亦不復重言云生材謂閒民無常職轉移執事者司農之意此閒民在第九當太宰九曰閒民無常職故以閒民解生財也但周公制禮太宰任民無常職於此須職事不可須無常職使民行之故後鄭易之以爲養竹木解之云學藝謂學道藝者案保氏職云掌養國子以道乃教之六藝故以藝中兼有道也云世事謂以世事教能則民不失職者案管子書云工之子恒爲工士之子恒爲士商之子恒爲商農之子恒爲農是以世事教民能則民不失職也云服事謂爲公家服事者謂若府史胥徒庶人在官者是公家服事者也玄謂生材養竹木者此後鄭破司農之義案太宰事典云以生萬民小宰事職云以養萬民則知生爲養山虞林衡別官則知此生材養竹木在於平地林衡所掌是也

校户

族師与比

以邦比之灋帥四閭之吏以時屬民而校登其族之夫家衆寡辨其貴賤老幼癈疾可任者及其六畜車輦登成也定也疏以邦至車輦○釋曰云以邦比之法者案比之法國家有常故據其常法以案比之故云以邦比之法也云帥四閭之吏者族師管四閭閭胥皆中士又有二十比比長皆下士是帥四閭之吏也云以時屬民而校者謂屬聚其民而校比之也云登其族之夫家衆寡者夫家即男女也有夫有婦乃成家自二人以至十人爲九等七六五者爲其中若然則六口爲中七口已上爲衆五口已下爲寡云辨其貴賤老幼者貴謂卿大夫賤謂占賣國之斥幣販易之人也癈疾謂癈於人事疾病若今癃不可事者也云可任者謂若國中七尺以及六十野自六尺以及六十五皆征之則可任也者及其六畜馬牛羊豕犬雞車駕牛馬輦人挽行皆辨之也

地官

五家爲比十家爲聯五人爲伍十人爲聯四閭爲族八閭爲聯使之相保相受刑罰慶賞相及相共以受邦職以役國事以相葬埋相共猶相救相賙。葬如字劉才郎反埋本或作貍莫皆反

疏 五家至葬埋。釋曰云五家爲比十家爲聯又云五人爲伍十人爲聯者在家爲有五家爲比比長領之無十家爲聯相管之法今云十家爲聯者以在軍之時有十人爲什本出於在家故并二比爲十家爲聯擬入軍時相并故覆云五人爲伍十人爲聯明是在軍法耳云四閭爲族八閭爲聯者張逸問族百家安得有八閭鄭荅并之爲聯耳若然亦如二比爲聯之類也云使之相保者謂相保不爲愆負云相受者謂宅舍有故相受寄託云刑罰慶賞相及者案趙商問族師之義鄭荅比相坐康誥之誥門內尙寬不書禮是錯未達旨趣鄭荅族師之職周公新制禮使民相共敕之法康誥之時周法未定又新誅三監務在尙寬以安天下先後異時各有云爲乃謂是錯。注相共至相賙。釋曰案大司徒職云五族爲黨使之相救五黨爲州使之相賙此所戒勅亦與彼同故引爲證也

周禮爲相保相受——宅舍有故相受寄託

族師之義鄭荅比相坐康誥之説門內尚寬

族師——（地官）

族師為作民而田行役

若作民而師田行役則合其卒伍簡其兵器以鼓鐸旗物帥而至掌其治令戒禁刑罰。亦於軍因為卒長疏若作至刑罰○釋曰若作民而師田行役則合其卒伍者族師主百家家出一人即為一卒卒長還使族師為之故鄭云亦因為卒長也云簡其兵器者在軍即有弓矢殳矛戈戟云以鼓鐸旗物者案大司馬春辨鼓鐸王執路鼓諸侯執賁鼓軍將執晉鼓師帥執提旅帥執鼙卒長執鐃兩司馬執鐸公司馬執鐲又司常云王建大常已下是鼓鐸旗物也帥而至者族師以帥士卒具備帥至於鄉師以致司徒也注亦於軍因為卒長者亦釋經掌其治令已下亦非衆屬軍吏還是自為卒長者也若國作民而師田行役之事則帥而致之掌其戒令與其賞罰致之致之於司徒也掌其戒令賞罰則是於軍因爲師帥疏若國至賞罰○釋曰言若者不定之辭若如也如有國家作起其民師謂征伐田謂田獵行謂巡狩役謂役作此數事者皆須徵聚其民州長則各帥其民而致之于司徒也云掌其戒令與其賞罰者州長既致其民還自領己民爲師帥故還使州長掌之也○注致之至師帥○釋曰云致之於司徒也者謂州長致與小司徒小司徒乃帥而致與大司徒故小司徒職云大軍旅帥其衆庶是也云因爲師帥者若衆屬軍吏則有軍吏掌之何得還自掌之故知因爲師帥也但在鄉爲州長已管其民在軍還領己民爲師帥即是因內政寄軍令也

黨正與族師軍役

凡作民而師田行役則以其灋治其政事亦於軍因爲旅帥 疏注亦於至旅帥。釋曰此亦如上釋

非衆屬軍吏者黨正在鄉各管五百家出軍之時家出一人則五百人爲旅黨正還爲旅帥亦如州長因爲師帥也

黨正司比及大比

以歲時涖校比。涖臨也鄭司農云校比族師職所謂以時屬民而校登其族之夫家衆寡辨其貴賤老幼廢疾可任者及其六畜車輦如今小案比【疏】以歲時涖校比○釋曰案族師職以歲之四時校比此黨正管五族至校比之時黨正往臨之恐其有差失故也○注涖臨至案比○釋曰鄭司農所云者並族師職文以其黨正所臨臨族師故還引族師校比之法以證成其義也云如今小案比者此舉漢法言小案比對三年大比爲小耳

及大比亦如之【疏】釋曰

及至也族師至三年大案比黨正亦涖之

遂大夫之役

簡稼器脩稼政

遂帥與大比——興甿明其有功者

爲邑者以四達戒其功事——誅賞廢興

遂大夫各掌其遂之政令以歲時稽其夫家之衆寡六畜田野辨其可任者與其可施舍者以教稼穡以稽功事掌其政令戒禁聽其治訟施讀亦爲弛功事九職之事民所以爲功業疏遂大至治訟○釋曰此一經與遂師職意同但互見其義耳。注施讀至功業○釋曰云功事九職之事民所以爲功業者大宰以九職任萬民彼云任即此功事謂任之使有功者也令爲邑者歲終則會政致事不言其遂之吏而言爲邑者容公邑及卿大夫王子弟之采邑政令戒禁遂大夫亦施焉疏注不言至施焉○釋曰言之者若直言遂之吏則不容公邑與采邑今遂大夫不言遂之吏變云爲邑則遂中可以兼公邑采邑二者故云政令戒禁遂大夫亦施焉以其遂人云掌野又云以達于畿故知亦施政令戒禁正歲簡稼器脩稼政簡猶閱也稼器耒耜鎡基之屬稼政孟春之月令所云皆脩封疆審端徑術善相丘陵阪險原隰土地所宜五穀所殖以教道民必躬親之。術音遂相息亮反道音導疏注簡猶至親之。釋曰云稼器耒耜鎡基之屬者其器中含有錢鎛之等故云之屬也云稼政孟春之月令所云皆脩封疆者此是月令鄭注彼封疆謂田首之分界也云審端徑術者鄭彼注術當爲遂引遂人職云夫間有遂遂上有徑當審之使脩理也云善相丘陵阪險原隰者土之高者曰丘大阜曰陵坡者曰阪險下濕者曰隰高平曰原也云土地所宜者即丘陵已下若高田種黍稷下田種稻麥丘陵阪險種桑棗是也云以教道民必躬親之者彼約束典田大夫必身親檢校之以證稼政之事三歲大比則帥其吏而興甿明其有功者屬其地治者興甿舉民賢者能者如六鄉之爲也興猶舉也屬猶聚也又因舉吏治有功者而聚勑其餘以職事○比毗志反下徵比及注同屬音燭聚也注同治直吏反疏三歲至治者○釋曰云三歲大比已下若鄉大夫三歲大比興賢者能者其義同變之耳云帥其吏者則遂大夫已下縣正至鄰長○注興甿至職事○釋曰云興甿舉民賢者能者如六鄉之爲也者此文不具故鄭就鄉大夫解之彼以鄉飲酒興賢能者厥明獻賢能之書於王王拜而受之登於天府內史貳之此職亦然也云興猶舉也屬猶聚也者謂當興舉之時因舉治民之吏鄰長以上吏之有功者而升之又聚其地治鄰長以上勑之以職事使之不慢也凡爲邑者以四達戒其功事而誅賞廢興之四達者治民之事大通者有四夫家衆寡也六畜車輦也稼穡耕耨也旗鼓兵革也【疏】凡爲至興之○釋曰此言爲邑者義如上不言遂之吏而言爲邑者容公邑及采邑也云以四達戒其功事者達通也謂將四通之事以戒勑其功事功事即上注九職之功業也云而誅賞廢興之者此亦如天官注大有功不徒興又賞之大無功不徒廢又誅之故誅賞廢興連言之也○注四達至革也○釋曰鄭知四達是夫家已下者此無正文唯約上下文而知義爾案遂師云夫家衆寡六畜車輦此遂大夫亦云夫家衆寡以教稼穡鄭長云以旗鼓兵革帥而至又云趨其耕耨鄭據而言故以四事當此四達

縣正各掌其縣之政令徵比以頒田里以分職事掌其治訟趨其稼事而賞罰之徵徵召也比案比○趨如字李倉苟反本又作趣音促疏縣正至罰之○釋曰以一遂有五縣故云各掌其縣之政令徵比者謂政教號令徵發校比之等也云以頒田里者亦如上文夫一廛田百畮也云以分職事者即九職之功事也若將用野民師田行役移執事則帥而至治其政令移執事移用其民鄭司農云謂轉相佐助疏若將至政令○釋曰云若將用野民者言將事未至之時

十三經注疏　周禮十五　地官司徒下　六

預徵召野民也言師田謂出師征伐及田獵也言行役謂若巡狩及功役言移執事謂移徙用民以執事也既役則稽功會事而誅賞疏既役至誅賞○釋曰此經結上文功役之事事訖乃稽考其功多少當計會其事之可否而有功者賞無功者誅也

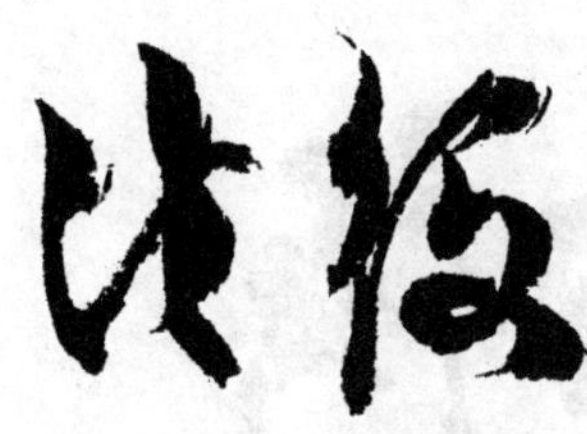

凡作民則掌其戒令作民謂起役也【疏】注作民謂起役也○釋曰知作民是起役者案下鄰長云若作其民而用之則以旗鼓兵革帥而至又上文每云野役故知此作民亦是起役事也以時數其衆庶而察其媺惡而誅賞時四時也○數色主反下同媺音美【疏】注時四時也○釋曰知時四時者見鄉師職云凡四時之徵令則凡言歲時者皆是四時雖鄉師云賙萬民之囏阨而云歲時巡國及野者鄭注云隨其事之時不必四時囏阨非常故也歲終則會其鄙之政而致事

鄉師与役

酇長各掌其酇之政令以時校登其夫家比其衆寡以治其喪紀祭祀之事校猶數也疏酇長至之事。釋曰以其一酇五鄰故云各當其酇之政令也云以治其喪紀者謂民之喪紀若鄉師所云族共喪器之類治其祭祀者謂若族祭酺之類若然縣當祭社與州同縣正鄙師酇長皆不言所祭神者六遂與六鄉互見其義也若作其民而用之則以旗鼓兵革帥而至若歲時簡器與有司數之簡器簡稼器也兵器亦存焉有司遂大夫疏若作至數之。釋曰言作其民而用之者謂師田及巡守之等直言以旗鼓兵革不言車輦文不具。注簡器至大夫。釋曰云簡器簡稼器也者見遂大夫職云正歲簡稼器脩稼政則此官與遂大夫共簡之故注云有司遂大夫也知兵器亦存焉者以遂大夫云簡稼器此不言稼直云器故知器中兼有兵器旗鼓兵革亦有在其中也凡歲時之戒令皆聽之趨其耕耨稽其女功聽之受而行之也女功絲枲之事疏凡歲至女功。釋曰此酇長彌親民故趨其耕耨并稽考女功之事。注聽之受至之事。釋曰鄭知聽之爲受而行之非聽斷之者以酇長中士官惟承受遂人已下之事不得專聽斷故知聽謂受聽而行之也知女功絲枲者案禮記內則論女功云執麻枲治絲繭故知此女功亦治絲枲以爲布帛

酇長役

趨耕耨 戒女功

（賦田）以役

里宰掌比其邑之衆寡與其六畜兵器治其政令邑猶里也疏里宰至政令○釋曰里宰二十五家不言各者文承遂師以下皆言各掌此亦各掌可知○注邑猶里也○釋曰邑是人之所居之處里又訓爲居故云邑猶里也以歲時合耦于耡以治稼穡趨其耕耨行其秩敘以待有司之政令而徵斂其財賦考工記曰耜廣五寸二耜爲耦此言兩人相助耦而耕也鄭司農云耡讀爲藉杜子春云耡讀爲助謂相佐助也玄謂耡者里宰治處也若今街彈之室於此合耦使相佐助因放而爲名季冬之月令命農師計耦耕事脩耒耜具田器是其歲時與合人耦則牛耦亦可知也秩敘受耦相佐助之次第○治處直吏反街音佳彈如字一音丹放汣方往反疏以歲至財賦○釋曰云歲時者亦謂歲之四時云合耦于耡者耡助也謂合兩兩相佐助於里宰處云以治稼穡者謂治理其民使爲春稼秋穡之事云趨其耕耨者謂使民趨時以春耕夏耨云行其秩敘者謂民使行其合耦使有次第云以待有司之政令而徵斂其財賦者以六遂之賦稅縣師徵之旅師斂之則此財賦言待有司徵斂者謂縣師旅師也○注考工至次第○釋曰鄭引考工記者欲證合耦爲二人共發一尺之地乃成畎以通水之意也先鄭云耡讀爲藉者藉借也非相佐助之義故後鄭不從之也杜子春讀耡爲助謂相佐助也於義合但文今不足故後鄭增其義也玄謂鋤者里宰治處也若今街彈之室者鄭以漢法況之漢時在街置室檢彈一里之民於此合耦使相助佐因放而名耡也引月令者證歲時合耦之事秦周政令或異故云是其歲時與言與以疑之也云合人耦則牛耦亦可知也者周時未有牛耦耕至漢時搜粟都尉趙過始教民牛耕今鄭云合牛耦可知者或周末兼有牛耦至漢趙過乃絶人耦專用牛耦故鄭兼云焉云秩敘受耦相佐助之次第者或家有一夫二夫共耦若長沮桀溺耦而耕或先後次第相佐助爲之也

里宰占役
趨耕耨
里宰收財賦
漢街彈之室
皆始為牛耦耕

鄰長掌相糾相受相糾相舉察

疏鄰長至相受○釋曰鄰長不命之士爲之各領五家使五家有過各相糾察宅舍有故又相容受也

凡邑中之政相贊長短使相補助

疏凡邑至相贊○釋曰云邑中者亦謂一里之內有上政令徵求則五鄰共相贊助此則以長補短故鄭云長短使相補助也

鄰長掌相糾——五家有過各相糾察——相容受——宅舍有故相容受

徙于他邑則從而授之從猶隨也授猶付也【疏】徙于至授之。釋曰古者三年大比民或於是徙謂不便其居則徙於他遷向他遂非直從授之明無罪過亦當以旌節將行如六鄉比長云徙於他則以旌節而行之出鄉無節則唯圜土内之是也

附釋音周禮注疏卷第十六

鄭氏注　賈公彥疏

（遂師）與役

遂師各掌其遂之政令戒禁以時登其夫家之衆寡六畜車輦辨其施舍與其可任者○經牧其田野辨其可食者周知其數而任之以徵財征作役事則聽其治訟施讀亦弛也經牧制田界與井也可食謂今年所當耕者也財征賦稅之事

疏遂師至治訟○釋曰以遂師下大夫四人所掌六遂亦如鄉師主六鄉亦二人共主三遂故云各掌其遂之政令戒禁并以時登其夫家衆寡六畜已下皆如鄉師之職但鄉師云輦又云老幼貴賤廢疾此不言之此云經牧其田野之等彼不言之皆是互換爲義故設文不同也云周知其數而任之以徵財征者謂周徧知其夫家六畜及田野之等任之據人民之數徵財征據田野之數也云作役事則聽其治訟者役事中可兼軍役田獵功作之等皆聽其治訟也○注施讀至之事釋曰云施讀亦弛也者此注與鄉師同以其與其可任者對而言明施不得爲施功之事故讀爲弛與舍同爲捨放之事云經牧制田界與井也者但六遂制溝洫法上文所云者是令以爲制界與井也又爲井田法者以其遂人兼掌采地故上云掌野鄙兼言稍縣都以采地有井田法故此經云經牧其田野與小司徒文同故鄭亦兼言井也云可食謂令年所當耕者也者六遂以外上地亦有萊中下之地自然皆有萊不耕者故云令年所當耕者也云財征賦稅之事者征是賦稅財是地稅故云財征賦稅之事也雖以地稅爲正其中亦兼有口率出泉也○

巡其稼穡而移用其民以救其時事移用其民使轉相助救時急事也四時耕耨斂艾芟地之宜晚早不同而有天期地澤風雨之急○耨奴豆反艾音刈

疏巡其至時事○釋曰遂師各自巡其春種曰稼秋斂曰穡○注移用至之急○釋曰云地之宜晚早不同者其地有宜早種早收有宜晚種晚收故云晚早不同云而有天期地澤風雨之急者山出雲雨大風有隧皆由天期而有故以天期而言此並須移用其民救其時事故并言之也

遂师与役
聽治訟
移用其民

大喪使帥其屬以幄帟先道野役及窆抱磨。共丘籠及蜃車之役使以幄帟先者大宰也其餘司徒也幄帟先所以爲葬窆之間先張神坐也道野役帥以至墓也丘籠之役纔復土也其器曰籠蜃車柩路也柩路載柳四輪迫地而行有似於蜃因取名焉行至壙乃說更復載以龍輴蜃禮記或作槫或作輇役謂執紼者鄭司農云抱磨下車也玄謂磨者適歷執紼者名也遂人主陳之而遂師以名行校之。磨劉音歷籠力董反蜃市軫反以爲于僞反坐才臥反復音服或音福乃說始銳反或吐活反更復扶又反輴勑倫反槫市專反李徒官反輇市專反適音的又音釋

疏大喪至之役。釋曰大喪謂王喪也云使帥其屬以幄帟先者謂大宰官使其屬以幄帟先行至壙云道野役者謂司徒導引野中之役出國城至壙云及窆抱磨者及至也謂柩車至壙窆下棺也下棺之時遂師帥其執紼者之人名歷適而校數之也云共丘籠者土曰丘謂共爲丘之籠器以盛土也云及蜃車之役者謂祖廟中將行共蜃車以載柩之役人也。注使以至校之。釋曰知使以幄帟先是大宰者以其天官幕人掌共帷幕幄帟綬屬大宰故知使幕人以幄帟先是大宰也云其餘司徒也者以其司徒主衆庶故知野役之徒皆司徒令之也云幄帟先所以爲葬窆之間先張神坐也者謂柩至壙脫載除飾柩則在地未葬窆之間須有凶靈神坐之所故知大幕之下宜有幄之小帳小帳之內而有帟之承塵以爲神坐也云道野役帥以至墓也者以其云導導是帥引之言故知從廟帥引往至墓所也云丘籠之役纔復土也者纔謂穿地復土謂下棺之後以壙上土反復而爲丘壟皆須籠器以盛土也云蜃車柩路也者人君所居皆曰路故云柩路也云柩路載柳四輪迫地而行者謂在祖廟中遂匠納車於階間卻而上載之乃加帷荒帷荒即柳也四輪迫地而行即輇車以二軸而貫四輪四輪即許氏說文云無輻曰輇者也云似於蜃因取名焉者此解名爲蜃車之意云行至壙乃說更復載以龍輴者以其天子諸侯殯時用輴車即檀弓所云菆塗龍輴天子之禮是也諸侯不龍其輴而已殯既用輴明葬時用輴可知云蜃禮記或作槫或作輇者案雜記云載以輲車鄭注云輲讀爲輇或作槫彼經作輲一部禮記作輇或作槫彼經不爲輇者但輲輇字雖異其義同故此云或作輇也但爲槫者非車之體不從之取其輲字或有作團字團又轉誤爲國字者故既夕記云遂匠納車於階間注云車載柩車周禮謂之蜃車雜記謂之團車喪大記又謂之國車也先鄭云抱磨磨下車也者於義無所當故後鄭不從也後鄭云適歷執紼者名也者謂天子千人分布於六紼之上謂之適歷者分布稀疏得所名爲適歷也云遂人主陳之者案上遂人云及窆陳役是也云而遂師以名行校之者但執紼之人皆碑負引而退行遂師抱持版之名字巡行而校錄之以知在否故云抱磨也

軍旅田獵平野民掌其禁令比敘其事而賞罰平謂正其行列部伍也鄭司農云比讀爲庀。比敘匹爾反出注行列戶剛反

疏軍旅至賞罰。釋曰軍旅謂征伐田獵謂四時田云平野民者謂遂師平正六遂之民故云平野民也云比敘其事而賞罰者遂師校比次敘其行伍而行賞罰也。注平謂至爲庀。釋曰周禮之內云比者後鄭皆爲校比先鄭皆爲庀庀爲具得通一義故引之在下也

凡治野以下劑致甿以田里安甿以樂昬擾甿以土宜教甿稼穡以興耡利甿以時器勸甿以疆予任甿以土均平政變民言甿異外內也甿猶懵懵無知貌也

致猶會也民雖受上田中田下田及會之以下劑爲率謂可任者家二人樂昬勸其昬姻如媒氏會男女也擾順也時器鑄作耒耜錢鎛之屬疆予謂民有餘力復予之田若餘夫然政讀爲征土均掌均平其稅鄭大夫讀耡爲藉杜子春讀耡爲助謂起民人令相佐助○甿亡耕反耡音助李又音鉏疆其良反懵本又作懜莫崩反又音蒙李武冰反猶會古外反下一字同率音律又音類錢音翦劉音踐鎛音博復扶又反

疏 凡治至平政○釋曰云以下劑致甿者對六鄉之中其家一人爲正卒已下皆爲羨卒此六遂之中家一人爲正卒第二者爲羨卒自外並爲餘夫家取二人爲下劑致甿也云以田里安甿者田則爲百畮之田里則五畮之宅民得業則安故云安甿也以樂昬擾甿者男女人所樂故云樂昬飲食男女人之大欲存焉故配以昬姻即順民意也以土宜教甿稼穡者高田種黍稷下田種稻麥是教之稼穡云以興耡利甿者耡助也興起其民以相佐助是與民爲利故云利甿也○注變民至佐助○釋曰此案大司徒小司徒主六鄉皆云民不言甿此變民言甿者直是異外內而已無義例以其民者冥也甿者懵懵皆是無知之皃也云雖受上田中田下田者即此下文夫一廛以下是也云以下劑爲率謂可任者家二人者則其外爲餘夫是也云耒耜錢鎛之屬者詩云庤乃錢鎛仍有鎡基之等故云之屬鄭大夫讀耡爲藉藉借也謂借民力所治之田民相於無此事故後鄭謂相佐助從子春也

司市會同師役帥賈師而從

凡會同師役市司帥賈師而從治其市政掌其賣價之事市司司市也價買也會同師役必有市者大衆所在來物以備之

疏 凡會至之事○釋曰王與諸侯行會同及師役征伐之等或在畿內或在畿外皆有市則市司帥賈師而從以其知物賈故使從不帥胥師者胥師不知物賈於事緩故不從也

左昭三

民參其力二入于公衣食其一

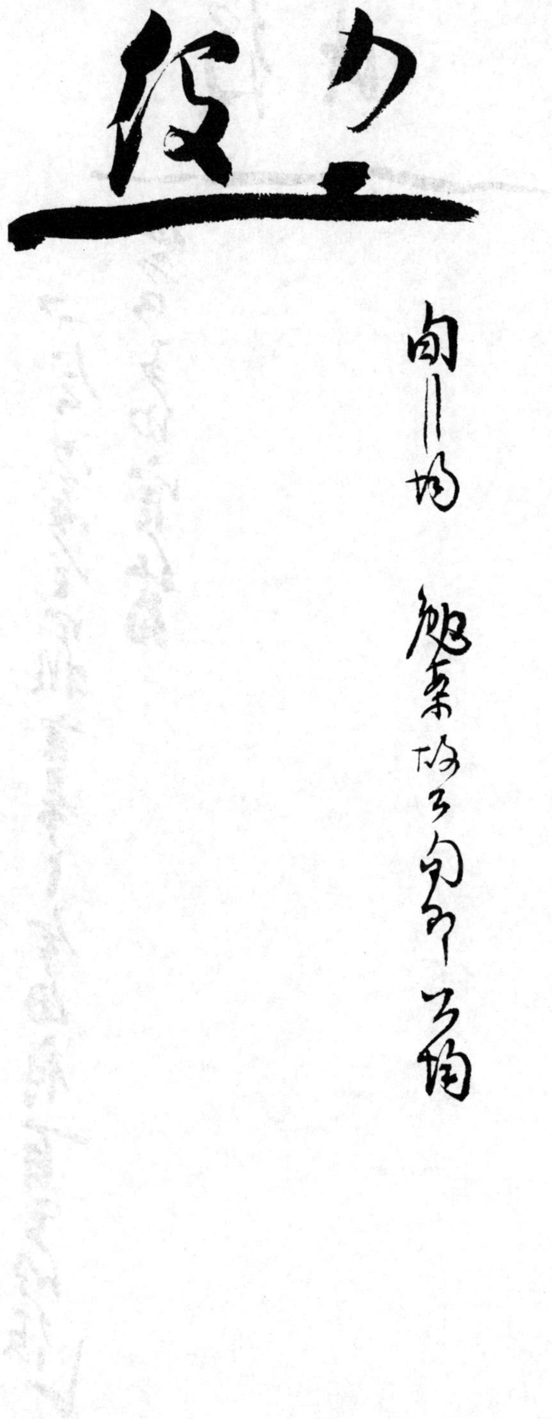

比役

一會計簿令民非宜募之令毋有百之所役也

皆子所宜講

役力

政事

王事

王事適我政事一埤益我適之埤厚也箋云國有王命役使之事則不以之彼必來之我有賦稅之事則減彼一而以益我言君政偏已兼其苦○埤避支反徧音篇我入自外室人交徧讁我讁責也箋

十三經注疏 詩二之三 國風 邶 三六

云我從外而入在室之人更迭遍來責我使已去也言室人亦不知已志○徧古遍字注及下同凡徧字從行徧字從人役皆放此讁直革反玉篇知革反更音庚迭待結反

疏王事至讁我○正義曰此任者言君既昏闇非直使已貧窶又若國有王命役使之事則不以之彼必來之我使已勞於行役若有賦稅之事則減彼一而厚益我使已困於貧財君旣政偏已兼其苦而我入自外而歸則室家之人更迭而徧來責我言君既政偏爾何不去此忠臣不忍去而室人不知以責已外爲君所困內爲家人不知故下又自決歸天○傳埤厚○正義曰謂減彼一以厚益已使已厚出賦稅之事是也○箋國有至其苦○正義曰政事云一埤益我有可減一則爲賦稅之事政事是賦稅則王事是役使可知役使之事不之彼而之我使我勞而彼逸賦稅之事減彼一而益我使彼少而我多此王事不必天子事直以戰伐行役皆王家之事猶鴇羽云王事靡盬於時甚亂非王命之事也

丁中賦役

大司徒（略）會萬民之卒伍而用之，五人為伍，五伍為兩（二十五人），四兩為卒（百人），五卒為旅（五百人），五旅為師（二千五百人）……以起軍旅，以作田役，以比追胥，以令貢賦。乃均土地以稽其人民而周知其數。上地家七人，可任也者家三人；中地家六人，可任也者二家五人；下地家五人，可任也者家二人。凡起徒役，毋過家一人，以其餘為羨，唯田與追胥竭作。

鄉大夫以歲時登其夫家之眾寡，辨其可任者。國中自七尺以及六十，野自六尺以及六十有五，皆征之。其舍者……疾者皆舍。十五以下為六尺，二十為七尺（疏）

載師氏無職事者出夫家之征 …

…

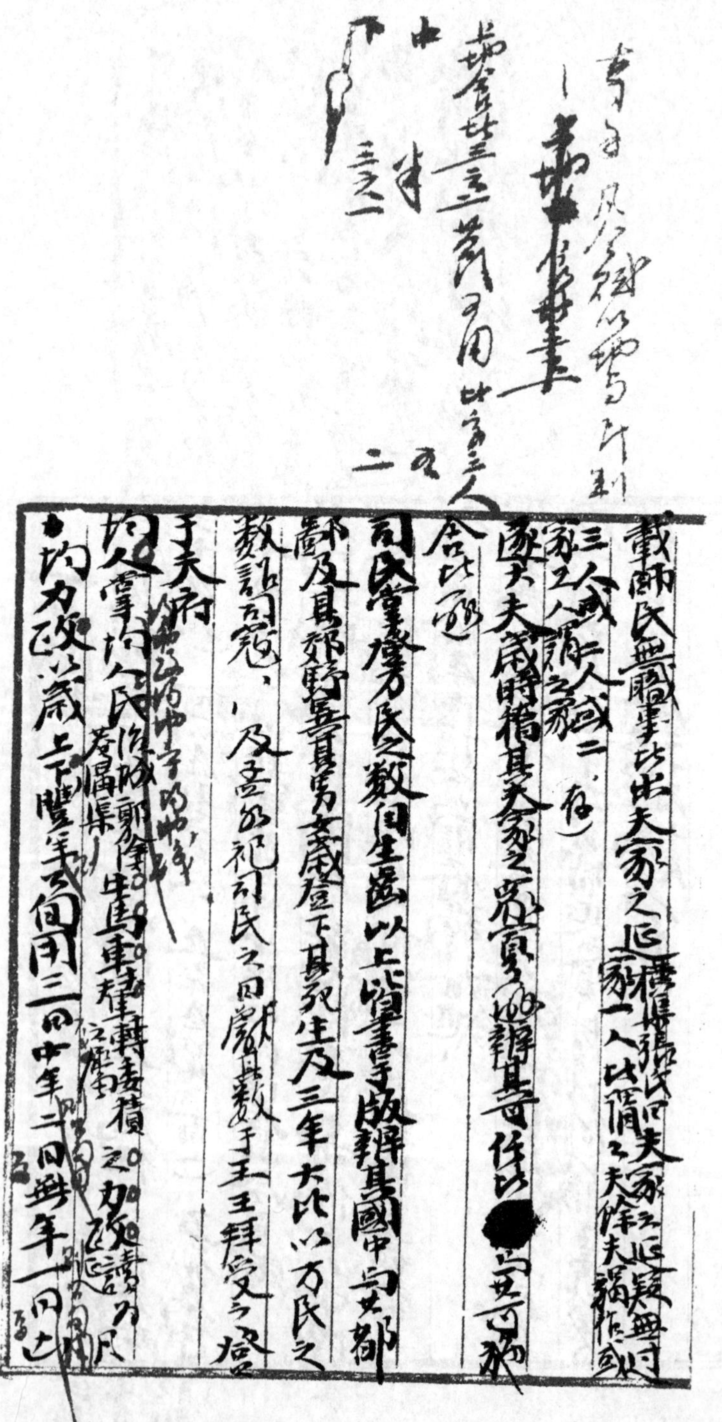

大役與慮事屬其植受其要以待攷而賞誅大役築城邑也鄭司農云國有大役大司馬與謀慮其事也植謂部曲將吏故宋城春秋傳曰華元爲植巡功屬謂聚會之也要者簿書也考謂考校其功玄謂慮事者封人也於直役司馬與之植築城楨也屬賦丈尺與其用人數○與慮音預又如字注與謀同屬音燭注同植直吏反注同華戶化反楨音貞

疏大役至賞誅○釋曰此謂築城邑之時封人慮事計功大司馬雖不掌徒役亦得與謀也屬其植者屬謂屬聚徒役計其人數付其丈尺以課其功也植者版幹之屬計其人事各使備足也○注大役至人數○釋曰先鄭以爲與慮事大司馬與在謀慮其事中後鄭從之增成其義按宣十二年楚令尹蔿艾獵城所使封人慮事以授司徒注云封人司徒之屬官是封人慮事司馬與在謀慮中也春秋宋華元者按宣二年左氏傳云宋城華元爲植巡功注云植將主也先鄭云植謂部曲將吏屬謂聚會之後鄭不從以爲植築城楨也屬賦丈尺與其用人數者按昭三十二年晉士彌牟營成周計丈數揣高卑度厚薄仞溝洫又云以令役於諸侯屬役賦丈尺宣十一年討慮用人功之數以此知屬謂賦丈尺與人數也

征稅

榷稅

山林之木衡鹿守之，澤之萑蒲舟鮫守之，藪之薪蒸虞候守之，海之鹽蜃祈望守之

左氏　林任公書

經濟

封建

齊公室將移於陳之情形

既成昏許成昏晏子受禮受賓享之禮叔向從之宴相與語叔向曰齊其何如問興衰晏子曰此季世也吾弗知齊其為陳氏矣不知其他唯知齊將為陳氏。吾弗知絕句公棄其民而歸於陳氏棄民不恤齊舊四量豆區釜鍾。四升為豆各自其四以登於釜四豆為區區斗六升四區為釜釜六斗四升登成也量音亮下及注同區烏侯反注及下皆同釜十則鍾六斛四斗陳氏三量皆登一焉鍾乃大矣登加也加一謂加舊量之一也以五升為豆五豆為區五區為釜則區二斗釜八斗鍾八斛。舊本以五升為豆四豆為區四區為釜直加豆為五升而區釜自大故杜云區二斗釜八斗是也本或作五豆為區五區為釜者為加舊豆區為五亦與杜注相會非於五升之豆又五五而加也疏鍾乃大矣。正義曰陳氏三量各登其一則釜為八斗陳氏亦自依釜數釜十為鍾比於齊之舊鍾不言四而加一故云鍾乃大矣言其大於齊鍾明亦自十其釜也以家量貸而以公量收之貸厚而收薄。貸他代反山木如市弗加於山魚鹽蜃蛤弗加於海賈如在山海不加貴。蜃食軫反蛤古荅反賈音嫁疏山木至於海。正義曰如訓往也言將山木往至市也於木既云如市魚鹽蜃蛤亦如市可知蒙上文也民參其力二入於公而衣食其一言公重賦斂。參七南反又音三斂力驗反公聚朽蠹而三老凍餒三老謂上壽中壽下壽皆八十已上不見養遇。聚徐在喻反一音在主反蠹丁故反三老服云工老商老農老也凍丁貢反餒奴罪反壽音授下同上時掌反疏注三老至養遇。正義曰服虔云三老者工老商老農老案民有四民其老無別不宜以三種之民為三老且士之老者亦應須恤不當獨遺士也故杜以為上中下壽言皆八十以上則上壽百年以上中壽九十以上下壽八十以上此亦以意言之稱此文耳不通於餘文也若秦伯謂蹇叔云中壽爾墓之木拱矣不言九十而死木已拱矣國之諸市屨賤踊貴踊刖足者屨言刖多。屨九具反踊音勇刖足者之屨也刖音月又五刮反民人痛疾而或燠休之燠休痛念之聲謂陳氏也。燠於喻反徐音憂又於到反一音於六反休虛喻反徐許留反賈云燠厚也休美也疏注燠休至氏也。正義曰賈逵云燠厚也休美也服虔云

昭三

山澤（家收）

問國……之富

「宰邑」士也

「食力」民之納稅

○問國君之富數地以對山澤之所出問大夫之富曰有宰食力祭器衣服不假問士之富以車數對問庶人之富數畜以對皆在其所制以多少對宰邑士也食力謂民之賦稅○數色主反下數畜同畜許又反鄭注周禮云始養曰畜【疏】問國至以對○正義曰謂問諸侯之臣求知其君封內土地所出也云富者非問其多金泉正是問最所優饒者也不問天子者率土之物莫非王有天下共見故不須問而諸侯止一國故致問也○數地以對者數土地廣狹對之也山澤之所出者又以魚鹽蜃蛤金銀錫石之屬隨有而對也晉文公謂楚成王曰羽毛齒革君地生焉是也○問大夫之富者亦他國人問其臣也○曰有宰食力者荅之也宰邑宰也有宰明有采地即公山弗擾爲季氏宰是也食力謂食民下賦稅之力也○祭器衣服不假者謂四命大夫也衣服祭服也若四命大夫得自造祭器衣服故云不假若三命以下有田者造而不備則假借也○問士之富以車數對者士有地不多亦無邑宰故其屬吏但以其車數對也上士三命則得賜車馬也副車隨命中士乘棧車無副車也○問庶人之富數畜以對者謂雞豚之屬閭師云凡庶民不畜者祭無牲不耕者祭無盛不樹者無椁不蠶者不帛不績者不衰故以畜數對鄭注周禮云始養曰畜將用之曰牲引春秋云卜日曰牲

賦稅——山澤

山木如市弗加於山魚鹽蜃蛤弗加於海 左昭三

山林之木衡鹿守之澤之萑蒲舟鮫守之藪之薪蒸虞候守之海之蜃蛤祈望守之 左昭廿

射鳥氏下士一人徒四人。射食亦反【疏】射鳥氏。釋曰在此者按其職云掌射鳥亦是武事在此宜也

射鳥氏掌射鳥鳥謂中膳羞者梟鴈鴇鶂之屬。射食亦反下射鳥同梟音抶鴇音保鶂于苗反【疏】注鳥謂至之屬。釋曰知中膳羞者以上文猛獸有共祭祀此下文云祭祀敺烏鳶烏鳶不中膳羞則敺之此經直云射鳥明是中膳羞者也鄭知梟鴈鴇鶂者內則云舒梟翠鴈腎鴇鶂胖此等去翠腎胖是可膳羞者也云之屬者兼有雉鶉鷃之等也祭祀以弓矢敺烏鳶。凡賓客會同軍旅亦如之烏鳶善鈔盜便汚人。敺起俱反鳶代專反鈔初教反又初交反便婢面反劉符綃反【疏】祭祀至如之。釋曰賓客會同敺烏鳶者以其會同皆有盟詛之禮位牲之事軍旅亦有較牲延陳之事故須敺烏鳶射則取矢矢在侯高則以并夾取之鄭司農云王射則射鳥氏主取其矢矢在侯高者矢著侯高人手不能及則以并夾取之并夾鍼箭具夾讀為甲故司弓矢職曰大射燕射共弓矢并夾。夾音甲著直略反鍼其炎反季其嚴反沈云或作鉆【疏】注鄭司至并夾。釋曰射皆三番第一番雖有六耦二耦誘射雖中不獲第二第三皆衆耦共射皆釋獲有取矢之法先鄭引司弓矢職直有大射燕射不言賓射亦同大射燕射也

羅氏—郊特牲大羅氏
蜡時上放火下張羅
〃謂賦賜

羅氏下士一人徒八人能以羅罔搏鳥者郊特牲曰大羅氏天子之掌鳥獸者○搏鳥音博一音付本又作捕音步疏注能以至獸者○釋曰在此者按其職云掌羅烏鳥亦是武事故在此也引郊特牲云大羅氏天子之掌鳥獸者按彼云大羅氏天子之掌鳥獸者諸侯貢屬焉彼大羅氏則此羅氏爲一彼稱大對諸侯此直曰羅氏此無所對故不稱大此職唯羅烏不主獸彼兼言獸者諸侯所貢鳥獸屬焉則兼掌所貢之獸也

羅氏掌羅烏鳥烏謂卑居鵲之屬○卑音匹又如字疏注烏謂至之屬○釋曰鄭知烏卑居者見小弁詩云弁彼鸒斯歸飛提提注云鸒卑居卑居雅烏云鵲者即山鵲卑居之類云之屬者兼有餘烏也

蜡則作羅襦作猶用也鄭司農云蜡謂十二月大祭萬物也郊特牲曰天子大蜡謂歲十二月合聚萬物而索饗之襦細密之羅襦讀爲繻有衣袽之繻玄謂蜡建亥之月此時火伏蟄者畢矣豺既祭獸可以羅網圍取禽也王制曰豺祭獸然後田又曰昆虫已蟄可以火田今俗放火張羅其遺教○襦女俱反或音須注繻同索色白反袽女居反字又作絮疏注作猶至遺教○釋曰先鄭所云其義得矣後鄭增成之言蜡者自取當蜡之月得用細密之罔羅取禽獸故後鄭云此時火伏十月之時火星已伏在戌將蟄者畢矣引王制者證十月蜡祭後得火田有張羅之事云今俗放火張羅其遺教者漢之俗間在上放火於下張羅承之以取禽獸是周禮之遺教則知周時亦上放火下張羅也

中春羅春鳥獻鳩以養國老行羽物春鳥蟄而始出者若今南郡黃雀之屬是時鷹化爲鳩鳩與春鳥變舊爲新宜以養老助生氣行謂賦賜○中音仲疏注春鳥至賦賜○釋曰此文仲春行羽物按司裘職云仲秋獻良裘王乃行羽物彼注云仲秋鳩化爲鷹仲春鷹化爲鳩順其始殺與其將止而大班羽物若然則一年二時行羽物但彼注云此羽物小鳥鶉雀之屬鷹所擊者此注云春鳥若今南郡黃雀之屬不同者各舉一邊互見其義（夏官）

掌畜下士二人史二人胥二人徒二十人畜謂斂而養之○畜許六反注同劉許又反疏注畜謂斂而養之○釋曰在此者按其職云掌養鳥而阜蕃教擾之是專養鳥其職注謂鵝鶩之屬是斂而養之鳥是羽蟲屬南方故在此也

掌畜掌養鳥而阜蕃教擾之阜猶盛也蕃蕃息也鳥之可養使盛大蕃息者謂鵝鶩之屬○蕃音煩注同鵝五何反鶩音木疏注阜猶至之屬○釋曰云鳥之可養使盛大蕃息者謂鵝鶩之屬者鶩即今之鴨民間所畜故云焉祭祀共卵鳥其卵可薦之鳥○卵劉本作祭音卵疏注其卵可薦之鳥○釋曰還謂上經鵝鴨之屬其雞亦在焉歲時貢鳥物鶉鷃之屬以四時來疏注鶉鷃至時來○釋曰不言鵝鶩雞者所畜非貢物故以野鳥爲貢者也共膳獻之鳥雉及鶉鷃之屬○鶉音純鷃音如疏注雉及鶉鷃之屬○釋曰此言堪膳而獻者惟有此等是以內則及公食大夫上大夫二十豆有雉兔鶉鷃云之屬者更有餘鳥也

庭氏掌射國中之夭鳥若不見其鳥獸則以救日之弓與救月之矢射之不見鳥獸謂夜來鳴呼爲怪者獸狐狼之屬鄭司農云救日之弓救月之矢謂日月食所作弓矢玄謂日月之食陰陽相勝之變也於日食則射大陰月食則射大陽與○射食亦反下注同呼嗥故反下文嘂呼同大音泰下文同與音餘疏庭氏至射之○釋曰云掌射國中之夭鳥者城郭之所人聚之處不宜有夭鳥故去之○注不見至陽與○釋曰云獸狼狐之屬不言鳥者上文注鴞鵩已解也玄謂日月之食陰陽相勝之變也者日之食晦朔之間月之食惟在於望日食是陰勝陽月食是陽勝陰未至爲災故云陰陽相勝之變也所以救日月用弓矢射之者鄭以意推量日食則射大陰者以陰侵陽臣侵君之象故射大陰是其常不足可疑月食是陽侵陰君侵臣之象陽侵陰非逆既用弓不得不射若射當射大陽以是爲疑故云月食則射大陽與以疑之

若神也則以大陰之弓與枉矢射之神謂非鳥獸之聲若或叫于宋大廟譆譆出出者大陰之弓救月之弓枉矢救日之矢與不言救月之弓與救日之矢者互言之救日用枉矢則救月以恒矢可知也○譆許其反詘劉音出本亦作出疏若神至射之○釋曰若神也者謂不見其身直聞其聲非鳥獸之神耳則以大陰救月之弓與救日枉矢射之○注神謂至知也○釋曰鄭知神謂非鳥獸之聲者見宋大廟有聲非鳥獸之聲者見宋太廟有聲非鳥獸之聲既有聲又非鳥獸之聲故知是神聲若神降于莘之類是也云若或叫於宋太廟譆譆出出者左傳文云太陰救月之弓枉矢救日之矢與者太陰之弓爲救月之弓不言與則不疑不疑者以其與經云救日之弓相對彼言救日之弓明此太陰之弓是救月之弓可知若然上言救月之矢則此枉矢是救日可知而言與以疑之者但救日與太陰相對故不疑上言救月此不言太陽之矢直言枉矢矢名而已故須疑之云不言救月之弓與救日之矢者互言之者若此文云救月之弓與救日之矢爲文自足何暇須互既不須互則上下二文全不見弓矢之名矣是以互見其文欲見有弓矢之名故也互者上文云救日明太陰是救月此文救月是太陰則上文救日是太陽也又枉矢見矢名不言救明有救名救月之矢見救不見矢名明亦有名亦是互也云救日用枉矢則救月以恒矢可知也者見司弓矢枉矢最在前明救月矢當在枉矢之下故知救月用恒矢可知不用庳矢以其庳矢弩所用故也

庭氏下士一人徒二人庭氏主射妖鳥令國中絜清如庭者也○射食亦反清才性反又如字疏注庭氏至者也○釋曰在此者案其職云掌射國中妖鳥亦是除惡之類故在此也

庭氏 枉矢鳥

神 枉神

救日之弓救月之矢 月食射大陽

秋官

硩蔟氏——覆夭鳥之巢

十日

十二辰

十二月之号

十二歲

二十八宿

硩蔟氏下士一人徒二人鄭司農云硩讀爲擿蔟讀爲爵蔟之蔟謂巢也玄謂硩古字從石折聲○硩音摘它歷反徐丈列反沈勑徹反李又思亦反蔟倉獨反 疏 折蔟至二人○釋曰在此者案其職云掌覆夭鳥之巢是除惡之類故在此○注鄭司至折聲○釋曰先鄭讀硩爲擿後鄭不從者先鄭意以爲杖擿破之故從擿後鄭意以石物等投擲爲義故不從先鄭又云蔟爲爵蔟之蔟者爵蔟是雀窠後鄭從之玄謂硩古字從石折聲者以石投擲毀之故古字從石以折爲聲是上聲下形字也

硩蔟氏掌覆夭鳥之巢覆猶毀也夭鳥惡鳴之鳥若鴞鵩○覆芳服反注同夭音妖後夭鳥同鴞于嬌反鵩音服 疏 注覆猶至鴞鵩○釋曰禮記云無覆巢者謂非夭鳥者也此官覆毀夭鳥之巢窠也云鴞鵩者鴞之與鵩二鳥俱是夜爲惡鳴者也 以方書十日之號十有二辰之號十有二月之號十有二歲之號二十有八星之號縣其巢上則去之方版也日謂從甲至癸辰謂從子至亥月謂從娵至荼歲謂從攝提格至赤奮若星謂從角至軫夭鳥見此五者而去其詳未聞○縣音玄娵徐劉並子須反案劉沈音餘荼音鍚又音徒按爾雅正月爲娵即離騷所云攝提貞于孟陬背側留反又子侯反爾雅文云十二月爲涂音徒今注作難荼二字是假借耳當依爾雅讀從攝提格至赤奮若爾雅曰大歲在寅曰攝提格在丑曰赤奮

若

疏注方版至未聞○釋曰云日謂從甲至癸者據十幹而言辰謂從子至亥者據十二支而說月謂從娵至荼歲謂從攝提格至赤奮若者彼爾雅釋天文太歲在寅曰攝提格在卯曰單閼在辰曰執徐在巳曰大荒落在午曰敦牂在未曰協洽在申曰涒灘在酉曰作噩在戌曰閹茂在亥曰大淵獻在子曰困敦在丑曰赤奮若是也又云正月爲泰二月爲如三月爲寎四月爲余五月爲皋六月爲且七月爲相八月爲壯九月爲玄十月爲陽十一月爲辜十二月爲涂是也星謂從角至軫右旋數之

翨氏攻猛鳥——獻羽翮

翨氏下士二人徒八人翨鳥翮也鄭司農云翨讀爲翅翼之翅○翨音翅失豉反又古豉反疏注翨鳥至之翅○釋曰在此者案其職云掌攻猛鳥亦是除惡之義故在此云翨鳥翮也者羽本曰翮凡鳥有羽翨者皆有翮故云翨鳥翮也凡翨翅皆作翅不作翨攴旁从之也

翨氏掌攻猛鳥各以其物爲媒而掎之猛鳥鷹隼之屬置其所食之物於絹中鳥來下則掎其腳○掎居綺反注同隼息允反疏注猛鳥至其腳○釋曰云各以其物爲媒者若今取鷹隼者以鳩鴿置於羅網之下以誘之云鷹隼之屬者王制云鷹隼擊然後罻羅設易云公用射隼於高墉之上隼即謂之鶻者也以時獻其羽翮○翮戶革反

穴氏攻蟄獸……獻珍異皮革

穴氏下士二人徒四人 穴搏蟄獸所藏者○搏音博劉音付蟄直立反 疏 注穴搏至藏者○釋曰在此者案其職云掌攻蟄獸是除猛惡之事故在此也云穴搏蟄獸所藏者凡獸蟄皆藏在穴中故以

以上二

穴氏掌攻蟄獸各以其物火之 蟄獸熊羆之屬冬藏者也將攻之必先燒其所食之物於其外以誘出之乃可得之 疏 注蟄獸至得之○釋曰知熊羆之屬者鄭目驗而知猛獸之蟄惟有熊羆之屬也言以其物火之明是燒其所食之物誘之使出穴外乃可得也 以時獻其珍異皮革 疏 以時至皮革○釋曰謂熊羆之皮革及熊蹯之等

穴爲官名使取蟄獸也

秋官

冥氏下士二人徒八人鄭司農云冥讀爲冥氏春秋之冥玄謂冥方之冥以繩縻取禽獸之名。冥如字又莫歷反縻亡皮反疏冥氏至八人。釋曰在此者案其職云掌設弧張爲阱擭以攻猛獸是冥然使之不覺亦是禁守之事故在此。注鄭司至之名。釋曰云冥氏春秋者冥氏作春秋書名若晏子呂氏春秋之類取其音讀也後鄭云冥方之冥亦取音同云以繩縻取禽獸之名者解冥是冥然使不覺之意也

冥氏掌設弧張弧張罿罦之屬所以扃絹禽獸。冥音覓罿昌容反劉上凶反罦音浮扃古熒反絹古犬反一音古縣反罿氏注同疏注弧張至禽獸。釋曰弧弓也謂張弓以取猛獸云罿罦之屬者詩云雉羅于罿雉羅于罦並是取禽獸之物言之屬仍有兔罝之等皆是扃絹禽獸者也爲阱擭以攻猛獸以靈鼓毆之靈鼓六面鼓毆之使驚趨阱擭。毆丘于反後同疏注靈鼓至阱擭。釋曰知靈鼓六面者以鼓人云靈鼓鼓祭社晉鼓鼖鼓等非祭社之鼓並兩面路鼓祭宗廟故知加兩面爲四面地神尊於宗廟加兩面爲六面天尊於地神加兩面爲八面以此差之知靈鼓六面鼓也若得其獸則獻其皮革齒須備鄭司農云須直謂頤下須備謂搔也。搔音爪疏若得至須備。釋曰猛獸有不得之法故云若以不定之言也若得猛獸之時猛獸之肉不堪人噉故當獻其皮革須備也皮謂若虎豹熊羆革謂無文章者去毛而獻之齒即牙也須備如先鄭所說虎豹有須備獻之以擬器物之用也

牧獵

一一二

古人田獵

迨開化以後

以為[illegible]教[illegible]之[illegible]也以奉宗廟犧鮮之[illegible]

[illegible]射御以備不虞而至若[illegible]遊也[illegible]田獵

以其年之[illegible]殷民之力

（[illegible]）田獵

田獵及入山林[illegible]何休注公羊[illegible]

[illegible]

獵稱[illegible]

上殺中殺下殺

[illegible]

有虞氏[illegible]旗

[illegible]一歲[illegible]

○天子諸侯無事則歲三田一爲乾豆二爲賓客三爲充君之庖三田者夏不田蓋夏時也周禮春曰蒐夏曰苗秋曰獮冬曰狩乾豆謂腊之以爲祭祀豆實也庖今之廚也○乾音干庖步交反蒐所交反獮息淺反腊音昔無事而不田曰不敬田不以禮曰暴天物不敬者簡祭祀略賓客天子不合圍諸侯不掩羣爲盡物也○合如字徐音閤揜音掩本又作掩天子殺則下大綏諸侯殺則下小綏綏當爲緌緌有虞氏之旌旗也下謂弊之○綏依注音緌耳佳反下注同大夫殺則

止佐車佐車止則百姓田獵佐車驅逆之車。獵力輒反驅丘于反又丘遇反獺祭魚然後虞人入澤梁豺祭獸然後田獵鳩化爲鷹然後設罻羅草木零落然後入山林昆蟲未蟄不以火田取物必順時候也梁絕水取魚者罻小網也昆明也明蟲者得陽而生得陰而藏。獺徐他達反又他瞎反豺仕皆反罻音尉一音鬱零本又作苓音同說文云草曰苓木曰落蟲直隆反下同蟄直立反不麛不卵不殺胎不殀夭重傷未成物殀斷殺少長曰夭。麛本又作麑音迷同卵力管反胎吐來反殀夭上於表反下烏老反斷丁亂反又音段少長上詩召反下丁丈反不覆巢覆敗也。覆芳服反注同

疏天子至覆巢。正義曰此一節論天子以下田獵之事各隨文解之。天子諸侯無事者謂無征伐出行喪凶之事則一歲三時田獵獵在田中又爲田除害故稱田也。一爲乾豆者謂乾之以爲豆實豆實非脯而云乾者謂作醢及臡先乾其肉故云乾豆是上殺者也二爲賓客中殺者也。三爲充君之庖下殺者也按穀梁淵聖御名四年范甯云上殺中心死速乾之以爲豆實次殺射髀骼死差遲故爲賓客下殺中腸污泡死最遲故充庖厨又車攻毛傳云自左膘而射之達於右腢爲上殺射右耳本次之射左髀達於右䯚爲下殺是亦有三等之殺先宗廟次賓客者尊神敬賓之義。注三田至曰狩。正義曰夏不田蓋夏時也者以夏是生養之時夏禹以仁讓得天下又觸其夏名故夏不田鄭之此注取春秋緯運斗樞之文故以爲夏不田若何休精異於此按穀梁傳淵聖御名四年公狩于郎傳曰春曰田夏曰苗秋曰蒐冬曰狩何休云運斗樞曰夏不田穀梁有夏田於義爲短鄭玄釋之云四時皆田夏殷之禮詩云之子于苗選徒囂囂夏田明矣孔子雖有聖德不敢顯然改先王之法以教授於世若其所欲改其陰書於緯藏之以傳後王穀梁四時田者近孔子故也公羊正當六國之亡讖緯見讀而傳爲三時田作傳有先後雖異不足以斷穀梁也如鄭此言三時之田不敢顯露陰書於緯四時之田顯然在春秋之經穀梁爲傳之時去孔子既近不見所藏之緯唯覩春秋見經故以爲四時田也公羊當六國之時去孔子既遠緯書見行於世公羊既見緯文故以爲三時田又鄭釋廢疾云歲三田謂以三事爲田即上一曰乾豆之等是深塞何休之言當以注爲正云周禮春曰蒐以下周禮大司馬職文彼注云夏田爲苗擇取不孕任者若治苗去不秀實者秋田爲獮獮殺也中殺者多也冬田爲狩言守取之無所擇也鄭不釋蒐者蒐擇也亦謂擇取不孕者以義可知故不解也然春秋四時田獵皆曰蒐者以春蒐之禮行之故也田不以禮曰暴天物者若田獵不以其禮殺傷過多是暴害天之所生之物以禮田者則下文天子不合圍以下至不覆巢皆是也。天子至掩羣。天子四時田獵皆得圍但圍而不合若諸侯惟春田不得圍其夏秋冬皆得圍圍亦不合故下曲禮云國君春田不圍澤。諸侯不掩羣者是畿內諸侯爲天子大夫故下曲禮云大夫不掩羣此皆是熊氏之說若皇氏以此爲夏殷禮下曲禮爲周禮義或然也。注綏當至弊之。正義曰綏字是系旁妥是登車之索緌字是系旁委是旌旗之名經作綏字故云綏當爲緌云有虞氏之旌旗也者按明堂位云有虞氏之旂夏后氏之綏鄭注云有虞氏當言緌旗旗無旒者周謂之大麾於周則春夏田用綏故鄭荅趙商云春夏用大麾

秋冬用大甞云下謂弊之者謂华仆於地也若初殺時則抗之已殺獵止之時則弊之故詩傳云天子發抗大綏諸侯發抗小綏此抗綏以表天子諸侯之獲周禮大司馬以旗致民注云小旗者立旗期民於其下也山虞云植虞旗澤虞云植虞旌謂田獵罷致禽旌旗也並與此綏不同也。大夫至田獵。大夫殺則止佐車則天子諸侯殺未止佐車也云佐車止則百姓田獵以此推之則天子殺然後諸侯殺諸侯殺然後大夫殺故詩傳云天子發然後諸侯發諸侯發然後大夫士發是也此云佐車止則百姓田獵謂冬獵之時然則大綏小綏者是夏殷之法秋冬皆用綏異於周也。注佐車駈逆之車。正義曰按大司馬云乃設駈逆之車注云駈駈出禽獸使趍田者也逆逆要不得令走凡四時田獵欲止之時各不同也按大司馬春火弊謂春時田獵殺獲禽獸將畢摠放火焚萊而後止春用火者鄭注因焚萊除陳草皆殺而火止大司馬又云夏車弊注云車弊駈獸之車止也謂獵人殺禽既畢布列車乘摠駈禽獸而後止息鄭云夏田主用車示所取物希皆殺而車止鄭即引王制云大夫殺則止佐車佐車止則百姓田獵是殺禽既畢佐車休止但夏時佐車止百姓未得田獵鄭云百姓田獵者因引王制之成文大司馬又云秋羅弊注云秋田主用罔中殺者多也皆殺而罔止大司馬又云冬徒弊注云冬田主用衆物多衆得取也。獺祭至火田。按月令正月獺祭魚孝經緯云獸蟄伏獺祭魚則十月中也是獺一歲再祭魚此下文鳩化為鷹草木零落文相連接則獺祭魚然後虞人入澤梁謂十月時按魯語李革云鳥獸孕水蟲成於是乎禁罝罜羅綱又云獸長麛夭鳥翼鷇卵注云謂季春時然則正月雖獺祭魚虞人不得入澤梁。豺祭獸然後田獵者按月令九月豺乃祭獸夏小正十月豺祭獸則是九月末十月之初豺祭獸之後百姓可以田獵鳩化為鷹然後設罻羅者謂八月時但鳩化有漸故月令季夏云鷹乃學習孟秋云鷹乃祭鳥其鳩化為鷹則八月時也以月令二月時鷹化為鳩則八月鳩化為鷹也故周禮司裘云中秋獻良裘鄭司農注云中秋鳩化為鷹是也設罻羅者按說文云罻捕鳥綱也又爾雅云鳥罟謂之羅罻羅摠是捕鳥之綱。草木零落然後入山林者謂十月時按月令季秋草木黃落其零落芟折則在十月也故毛詩傳云草木不折不操斧斤不入山林此謂官民摠取林木若依時取者則山虞云仲冬斬陽木仲夏斬陰木不在零落之時昆蟲未蟄不以火田者謂未十月之時十月則得火田故羅氏云蜡則作羅襦注云今俗放火張羅從十月以後至仲春皆得火田故司馬職云春火弊是也若陶鑄之火則季春出火季秋內火按司爟云季春出火季秋內火知是陶鑄之火者按春秋昭六年左傳云三月鄭人鑄刑鼎士文伯曰火未出而作火鄭其有災乎刑鼎則陶鑄也。注昆明也。正義曰按說文曰昆同也今云明者以字從日故為明。不麛至殀夭。不麛不卵據春時特甚不殀夭之等亦然故國語云獸長麛夭鳥翼鷇卵是春尤甚此注云重傷未成物則四時皆然也國語既云獸長麛夭夭與麛相連故鄭云少長曰夭

○春獵爲蒐搜索取不任者○蒐音搜夏獵爲苗爲苗稼除害秋獵爲獮順殺氣也○獮息淺切冬獵爲狩得獸取之無所擇○狩羊又反宵田爲獠管子曰獠獵畢弋今江東亦呼獵爲獠○獠音遼或曰即今夜獵載鑪照也火田爲狩放火燒草獵亦爲狩乃立冢土戎醜攸行冢土大社戎醜大衆起大事動大衆必先有事乎社而後出謂之宜有事祭也周官所謂宜乎社振旅闐闐振旅整衆闐闐羣行聲○闐音田出爲治兵尚威武也幼賤在前貴勇力入爲振旅反尊卑也尊老在前復常儀也講武

疏春獵至講武○釋曰此說田獵習武之事也云春獵爲蒐夏獵爲苗秋獵爲獮冬獵爲狩者此四時田獵之名也郭云蒐搜索取不任者苗爲苗稼除害獮順殺氣也狩得獸取之無所擇隱五年左傳文與此同杜注云蒐索擇取不孕者苗爲苗除害也獮殺也以殺爲名順秋氣也狩圍守也冬物畢成獲則取之無所擇也周禮大司馬職中春教振旅遂以蒐田中夏教茇舍遂以苗田中秋教治兵遂以獮田中冬教大閱遂以狩田其名亦與此同鄭玄解苗田與此小異言擇取不孕任者若治苗去不秀實者孫炎亦然桓四年公羊傳曰春曰苗秋

33

曰蒐冬曰狩三名既與禮異又復夏時不田穀梁傳曰四時之田皆爲宗廟之事也春曰田夏曰苗秋曰蒐冬曰狩皆與禮異者艮由微言既絶曲辨妄生左丘明親受聖師爾雅者或云子夏所作故二者與禮合漢代古學不行明帝集諸學士作白虎通義因穀梁之文爲之其説曰王者諸侯所以田獵何爲苗除害上以共宗廟下以簡集士衆也春謂之田何春歲之本舉本名而言之也夏謂之苗何擇去懷任者也秋謂之蒐何蒐索肥者也冬謂之狩何守地而取之也四時之田揔名爲田何爲田除害也案苗非懷任之名何云擇去懷任秋獸盡皆不瘦何云蒐索取肥雖名通義不通也故先儒皆依周禮左傳爾雅之文而爲之説其名亦有意焉雖復春獵獲則取之不能擇取不孕夏獵所取無多不能爲苗除害爲因時異而變文耳謂之獵者蔡邕月令章句云獵者捷取之名也。宵田爲獠者宵夜也夜獵名獠郭云管子曰獠獵畢弋者案管子四稱篇管仲對桓公曰昔者無道之君誅其良臣敖其婦女獠獵畢弋暴遏諸父者是也又云今江東亦呼獵爲獠者以時驗而言也或曰即今夜獵載鑪照也者亦得爲一義故復引之。火田爲狩者郭云放火燒草獵故爲狩言與冬獵同名故云亦也李巡孫炎皆云放火燒草守其下風周禮羅氏蜡則作羅襦鄭云襦細密之羅此時蟄者畢矣可以羅罔圍取禽也今俗放火張羅其遺教禮記王制云昆蟲未蟄不以火田則是已蟄得火田也。乃立冢土戎醜攸行者此詩大雅緜篇文也郭云冢土大社戎醜大衆郊特牲云社所以神地之道也禮運云命降於社之謂殽地是社爲土之神也冢詁爲大土爲社主故知冢土大社也釋詁云戎大也醜衆也故云戎醜大衆也。起大事動大衆必先有事乎社而後出謂之宜者此作者既引詩文於上然後爲此辭以釋之也孫炎曰大事兵也有事祭也宜求見使祐也此文本解戎醜攸行之意言國家起發軍旅之大事以興動其大衆必先有祭祀於此社而後出行其祭之名謂之爲宜以師行必須宜祭以告社故言戎醜攸行也成十三年左傳曰國之大事在祀與戎故兵爲大事也春秋昭十五年有事於武宮雜記云有事於上帝皆是祭事故謂祭爲有事以兵凶戰危慮有負敗祭之以求其福宜故謂之宜王制云天子將出宜乎社是也郭云周官所謂宜乎社者春官大祝職云出師宜于社造于祖是也。振旅闐闐者此詩小雅采芑篇文也鄭箋云至戰止將歸又振旅伐鼓闐闐然振猶止也旅衆也郭云振旅整衆闐闐羣行聲也。出爲治兵尚威武也入爲振旅反尊卑也者此亦作者釋上詩文也古者春教振旅秋教治兵以戎是大事又三年一教隱五年左傳曰三年而治兵入而振旅是也征伐之時出軍至對陳用治兵禮戰止至還歸用振旅法名異而禮同也以此出當用之故以脩治兵事爲名入則休息故以整衆爲名其治兵振旅之名周禮左傳穀梁與此皆同惟公羊以治兵爲祠兵其禮治兵則幼賤在前振旅則尊老在前郭云幼賤在前貴勇力也。尊老在前復常儀也講武者題上事也言皆所以講習武事也

34

漁獵

無也時既澆薄率皆虛矯以無爲有將虛作盈內實窮約而外爲奢泰行既如此難可名之爲有常也子釣而不綱弋不射宿孔曰釣者一竿釣綱者爲大綱以橫絕流以繳繫釣羅屬著綱弋繳射也宿宿鳥疏子釣而不綱弋不射宿○正義曰此章言孔子仁心也釣者以繳繫一竿而釣取魚也綱者爲大綱羅屬著綱以橫絕流而取魚也釣則得魚少綱則得魚多孔子但釣而不綱是其仁也弋繳射也宿宿鳥也夫子雖爲弋射但晝日爲之不夜射栖鳥也爲其欺暗必中且驚衆也○注孔曰至宿鳥○正義曰云釣者一竿釣綱者爲大綱以橫絕流以繳繫釣羅屬著綱者此注文句交互故少難解耳若其次序應云釣者一竿釣以繳繫釣綱者爲大綱以橫絕流羅屬著綱也繳即絲也釣謂鉤也謂以一竹竿用絲繫鉤而取魚也羅細綱也謂以繩爲大綱用綱以屬著此綱施之水中橫絕流以取魚舉綱則提其綱也云弋繳射也者夏官司弓矢云矰矢茀矢用諸弋射注云結繳於矢謂之矰矰高也茀矢象焉茀之言刜也二者皆可以弋飛鳥刜羅之也然則繳射謂以繩繫矢而射也說文云繳謂生絲爲繩也

田獵

盂—田獵陳名
右左司馬

立故也僖十年狄滅溫蘇子奔衛今復見蓋王復之。復扶又反見賢遍反。陳侯鄭伯會楚子于息冬遂及蔡侯次于厥貉陳鄭及宋麇子不書者宋鄭執卑苟免爲楚僕任受役於司馬麇子恥之遂逃而歸三君失位降爵故不列於諸侯宋鄭猶然則陳侯不同也。麇九倫反疏注陳鄭至同也。正義曰杜以陳鄭會楚子于息遂與蔡侯次于厥貉則陳鄭當在次也傳稱厥貉之會麇子逃歸則麇子當在也宋公逆楚子則宋公亦在也獨書楚子蔡侯不言陳鄭宋麇故迹其事而爲之說言宋陳鄭三君降爵麇子逃歸故不書也劉炫以爲告文略故不書陳鄭宋今知不然者此楚會諸侯必是楚人來告若楚人來告當以得諸侯爲榮何以略其宋鄭陳乎麇子不會傳云逃歸宋鄭二國爲楚僕役猶如許蔡二君降乘楚車許蔡既不書於經故知宋鄭失位不見此乃傳事分明故杜爲此解劉炫有以告文略以規杜氏非也將以伐宋宋華御事曰楚欲弱我也先爲之弱乎何必使誘我我實不能民何罪乃逆楚子勞且聽命時楚欲誘呼宋共戰御事華元父。勞力報反遂道以田孟諸孟諸宋大藪也在梁國睢陽縣東北。道音導藪素口反睢音綏宋公爲右盂鄭伯爲左盂盂田獵陳名。盂音于陳直覲反期思公復遂爲右司馬復遂楚期思邑公今弋陽期思縣。弋以職反子朱及文之無畏爲左司馬將獵張兩甄故置二左司馬然則右司馬一人當中央。甄吉然反疏注將獵至中央。正義曰宋公爲右盂無畏爲左司馬而誅宋公之僕自謂當官而行明無畏當右子朱當左是其張兩甄故置二左司馬使各掌一甄自然右司馬一人當中央也命夙駕載燧燧取火者。命眉病反燧音遂本又作[illegible]宋公違命不夙駕載燧無畏扶其僕以徇或謂子舟曰國君不可戮也子舟曰當官而行何彊之有子舟無畏字。扶恥乙反徇似俊反舟音州詩曰剛亦不吐柔亦不茹詩大雅美仲山甫不辟彊禦。茹如呂反毋縱詭隨以謹罔極詩大雅詭人隨人無正心者謹猶慎也罔無也極中也。詭九委反疏毋縱至罔極。正義曰無從此詭人隨人無正心者以謹勑彼無中正之人言小辠尚不敢則大辠不敢爲也是亦非辟彊也敢愛死以亂官乎爲宣十四年宋人殺子舟張本

卒

十三經注疏　春秋左傳十九　文公十年　十一年　二五

田獵

大田

附釋音春秋左傳注疏卷第七 桓七年盡十八年

杜氏注 孔穎達疏

經七年春二月己亥焚咸丘 無傳焚火田也咸丘魯地高平鉅野縣南有咸亭譏盡物故書○焚扶云反

疏 注焚火至故書○正義曰咸丘地名以火焚地明為田獵故知焚是火田也不言蒐狩者以火田非蒐狩之法而直書其焚以譏其盡物也釋例曰咸丘魯地非蒐狩常處經不言蒐狩但稱焚咸丘言火田盡物非蒐狩之義是言火田非狩法故不書狩狩既非法雖得地亦譏不復譏其失地地咸丘知地亦非也禮記王制云昆蟲未蟄不以火田則是已蟄得火田也又爾雅釋天云火田為狩似法得火田而譏其焚者說爾雅者李巡孫炎皆云放火燒草守其下風周禮羅氏蜡則作羅襦鄭云襦細密之羅此時蟄者畢矣可以羅罔圍取禽也今俗放火張羅其遺教然則彼火田者直焚其一叢一聚羅守下風非謂焚其一澤也禮天子不合圍諸侯不掩羣尚不盡取一羣豈容并焚一澤知其譏盡物故書也沈氏以周禮仲春火弊謂夏之仲春今周之二月乃夏之季冬故譏其盡物義亦通也

左桓七

田獵

狩獵之礼，依君之經——用兵降服，奔北不謀

尸守之地，須有常節

經四年春正月公狩于郎冬獵曰狩行三驅之禮得田狩之時故傳曰書時禮也周之春夏之冬也田狩從夏時郎非國內之狩地故書地○狩手又反夏戶雅反下同疏注冬獵至書地

正義曰冬獵曰狩爾雅釋天文也易比卦九五王用三驅失前禽鄭玄云王者習兵於蒐狩驅禽而射之三則已法軍禮也失前禽者謂禽在前來者不逆而射之旁去又不射唯背走者順而射之不中則已是其所以失之用兵之法亦如之降者不殺奔者不禦皆為敵不敵已加以仁恩養威之道是說三驅之事也狩獵之禮唯有三驅故知行三驅之正禮得田獵之常時故傳曰書時禮也善其得時明禮皆無違矣○周之春正月建子即是夏之仲冬也周禮大司馬中冬教大閱遂以狩田是田狩從夏時也釋例曰三王異正朔而夏數為得天雖在周代於言時舉事皆據夏正故公以春狩而傳曰書時禮也隱五年公矢魚于棠傳曰言遠地也僖二十八年天王狩于河陽傳曰言非其地也舉地名者皆言其非地故知此郎非國內之狩地故書地也若國內狩地大野是也哀十四年傳曰西狩於大野經不書大野明其得常地故不書耳由此而言則狩于禚蒐于紅及比蒲昌間皆非常地故書地也田狩之地須有常者古者民多地狹唯在山澤之間乃有不殖之地故天子諸侯必於其封內擇隙地而為之僖三十三年傳曰鄭之有原圃猶秦之有具囿也是其諸國各有常狩之處違其常處則犯害居民故書地以譏之

左桓四

傳四年春正月公狩于郎書時禮也郎非狩地故書時合禮疏注郎非至合禮○正義曰春秋之世狩獵多矣見於經者無數事焉良由得時得地則常事不書故也以獲麟在於大野得地則不書其地知地時並得則例皆不書此書公狩于郎必是有所譏刺所刺之意在於失常地也但傳於棠與河陽已云言非其地則非地之責於理已見而此狩得時恐并時亦刺駮出合禮而非禮自明故注申其意言郎非狩地唯時合禮以時合禮地非禮也公羊傳曰常事不書此何以書譏何譏爾遠也公羊說諸侯遊戲不得過郊故有遠近之言左氏無此義要言遠者亦是譏其失常地也

○夏周宰渠伯糾來聘

左桓四

114 田獵

傳五年春公將如棠觀魚者臧僖伯諫曰凡物不足以講大事臧僖伯公子彄也僖謚也大事祀與戎○觀魚者本亦作漁者其材不足以備器用則君不舉焉材謂皮革齒牙骨角毛羽也器用軍國之器君將納民於軌物者也故講事以度軌量謂之軌取材以章物采謂之物不軌不物謂之亂政亂政亟行所以敗也言器用衆物不入法度則爲不軌不物亂敗之所起○度待洛反一音如字亟欺冀反數也 疏 觀魚者○正義曰說文云漁捕魚也然則捕魚謂之魚天官𩼈人掌以時𩼈爲梁凡𩼈者掌其政令是謂捕魚爲魚魚者猶言獵者也○臧僖至敗也○正義曰凡物不足以講大事者物謂事物旌旗車服之屬若其爲教戰祭祀等大事故布設陳列則可如其細碎盤遊雖陳其物不堪足以講習大事止謂不爲大事而陳此物故云不足以講大事也其材不足以備器用者材謂皮革齒牙之屬若其爲飾器用故狩獵取材則可如其因遊宴戲樂所得之材不堪足以備飾器用止謂不爲器用而取此材故云不足以備器用也人君一國之主在民之上當直已而行之以法敺民而納之於善故云人君將納民於軌物者也言當爲軌爲物納民於其中也既言民歸軌物更解軌物之名故講習大事以準度軌法度量謂之爲軌準度軌量即謂習戰治兵祭祀之屬是也取鳥獸之材以章明物色采飾謂之爲物章明物采即取材以飾軍國之器是也劉炫云捕魚獵獸其事相類此諫大意言人君可觀獵獸不可觀捕魚凡物者廣言諸物鳥獸魚鼈之類也材謂所有皮革毛羽之類也器謂車馬兵甲軍國所用之物也凡此諸物捕之不足以講習兵事其材不足以充備器用如此者則人君不親舉其意言獵之坐作進退可以教戰陳獸之齒牙皮革足以充器用人君可以觀之捕魚不足以教戰陳鱗甲不足以爲器用人君不宜觀之人君以下云云同今若人君所行不得其軌舉動不順器服不當其物上下無章如是則謂之荒亂之政也亂政數行國家之所以禍敗也其意言魚非講事是不軌材不充用是不物今君觀魚是爲亂國之政禍敗之本故不用使公行也事度軌量正謂順時狩獵以教習戎事也材章物采正謂取其皮革以修造器物也下云四時田獵治兵振旅以習威儀選此講事也

但月令季冬天子親往嘗魚 人君亦可獵亦可捕魚 [illegible]

肉不登俎材不登器則公不射覆此章物也別言川澤之實非君所及指言不可觀魚觀有首引自相配成也○注臧僖至與戎○正義曰僖伯名彄字子臧世本云孝公之子即此冬書公子彄卒是也謚法小心畏忌曰僖是僖爲謚也諸侯

之子稱公子公子之子稱公孫公孫之子不得祖諸侯乃以王父之字爲氏計僖伯之孫始得以臧爲氏今於僖伯之上已加臧者蓋以僖伯是臧氏之祖傳家追言之也成十三年傳曰國之大事在祀與戎故知大事祀與戎也必知兼祀者以下云鳥獸之肉不登於俎故也劉炫云田獵止教戎而言祀者獵狩主以祭祀故并祀言之下注云俎祭宗廟器見此意也○注言器至所起○正義曰車馬旌旗衣服刀劍無不皆有法度器用衆物不入法度廣言之也器不當法用非其物則爲不軌不物政不在君則亂敗之所起也

故春蒐夏苗秋獮冬狩蒐索擇取不孕者苗爲苗除害也獮殺也以殺爲名順秋氣也狩圍守也冬物畢成獲則取之無所擇也○蒐所求反索也獮息淺反說文作𤣗穀梁傳云春曰田秋曰蒐狩手又反索所百反孕以證反爲苗于僞反

疏注蒐索至擇也○正義曰爾雅釋天四時之獵名與此同說者皆如此注故杜依用之周禮大司馬職中春教振旅遂以蒐田中夏教茇舍遂以苗田中秋教治兵遂以獮田中冬教大閱遂以狩田其名亦與此同鄭玄解苗田與此小異言擇取不孕任者若治苗去不秀實者孫炎亦然桓四年公羊傳曰春曰苗秋曰蒐冬曰狩三名既與禮異又復夏時不田穀梁傳曰四時之田皆爲宗廟之事也春曰田夏曰苗秋曰蒐冬曰狩皆與禮異者良由微言既絕曲辨妄生丘明親受聖師故獨與禮合漢代古學不行明帝集諸學士作白虎通義因穀梁之文爲之生說曰王者諸侯所以田獵何爲苗除害上以共宗廟下以簡集士衆也春謂之田何春歲之本舉本名而言之也夏謂之苗何擇其懷任者也秋謂之蒐何蒐索肥者也冬謂之狩何守地而取之也四時之田摠名爲田何爲田除害也案苗非懷任之名何云擇去懷任秋獸盡皆不瘦何云蒐索取肥雖名通義義不通也故先儒皆依周禮左傳爾雅之文而爲之說其名亦有意焉雖復春獵獲則取之不能擇取不孕夏獵所取無多不能爲苗除害爲因時異而變文耳謂之獮者蔡邕月令章句云獮者捷取之名也

皆於農隙以講事也各隨時事之間○隙去逆也

疏注各隨時事之間○正義曰隙訓間也四仲之月自是常期就其月中簡選間日雖則農月必有間時故曰隨時事之間也仲冬農之最隙故大備禮也

三年而治兵入而振旅雖四時講武猶復三年而大習出曰治兵始治其事入曰振旅治兵禮畢整衆而還振整也旅衆也○振之慎反整也復扶又反下同

疏注雖四至衆也○正義曰雖每年常四時講武猶復三年而一大習猶如四時常祀三年而復爲禘祭意相類也出曰治兵者以其初出始治其事也入曰振旅者以治兵禮畢整衆而還振訊是整理之義故振爲整也旅衆也釋詁文治兵振旅坐作進退其禮皆同所異者唯長幼先後耳釋天云出爲治兵尚威武也入爲振旅反尊卑也孫炎曰出則幼賤在前貴勇力也入則尊老在前復常法也莊八年穀梁傳曰出曰治兵習戰也入曰振旅習戰也公羊傳曰出曰治兵入曰振旅其禮一也皆習戰也是其禮同也何休公羊爲出曰祠兵休云殺牲饗士卒鄭玄詩箋引公羊亦作治兵是其所見本異也此治兵振旅亦四時教之但於三年大習詳其文耳周禮春教振旅秋教治兵者四時教民各以其宜春即止兵收衆專心於農秋即繕甲厲兵將威不執故異其文耳

歸而飲至以數軍實飲於廟以數車徒器械及所獲也○數所主反注同械戶戒反

疏注飲於至獲也○正義曰桓二年傳例曰凡公行告于宗廟反行飲至彼飲至在廟知此言飲至亦飲於廟也軍之資實唯有車徒器械獵則有所獲詩序車攻美宣王脩車馬備器械因田獵而選車徒故知數軍實者數車徒器械及所獲也說文云械器之摠名虞喜云器械謂鎧甲兜鍪也宣十二年傳言楚國無日不討軍實而申儆之襄二十

四年傳曰齊社蒐軍實使客觀之二注並云軍器不言車徒及所獲者彼無獵事故不言也**昭文章**車服旌旗【疏】注車服旌旗○正義曰周禮巾車職曰革路建大白以即戎木路建大麾以田司服職曰凡兵事韋弁服凡甸冠弁服鄭玄云甸田獵也計田獵當乘木路服冠弁但三年治兵乃習兵大禮不宜乘田車服田服天子蓋乘革路服韋弁也在軍君臣同服公卿以下蓋亦乘兵車服兵服也其旌旗則尊卑異建治兵之禮爲辨旗物必不建大白大麾大司馬職曰中秋教治兵辨旗物之用王載大常諸侯載旂軍吏載旗師都載旜鄉遂載物郊野載旐百官載旟遂以徧田鄭玄云軍吏諸軍帥也師都遂大夫也鄉遂鄉大夫也或載旜或載物衆屬軍吏無所將也郊謂鄉遂之州長縣正以下也野謂公邑大夫載旐者以其將羨卒也百官卿大夫也載旟者以其屬衛王也凡旌旗有軍衆者畫異物無者帛而已然則治兵旌旗當如司馬職文也按司常職云及國之大閱贊司馬頒旗物王建大常諸侯建旂孤卿建旜大夫士建物師都建旗州里建旟縣鄙建旐道車載旞斿車載旌計大閱治兵俱是教戰而旌旗之物所建不同者鄭玄云凡頒旗物以出軍之旗則如秋以尊卑之常則如冬大閱備軍禮而旌旗不如出軍之時空辟實然則大閱所建尊卑之常治兵所建出軍之禮此三年治兵與秋教治兵其名既同建當不異故服虔解此亦引司馬職文明是旌旗所建用秋辨旗物之法案大司馬職教治兵王載大常所以巾車云大麾以田又云大白以即戎者先儒以爲王田春夏爲大麾秋冬則大常旌旗所用雖如治兵之時然王若親軍則建大白**明貴賤辨等列**等列行伍○辨如字又方免反別也行戶郎反**順少長**出則少者在前還則在後所謂屚也○少詩照反注皆同長丁丈反下注同**習威儀也鳥獸之肉不登於俎**俎祭宗廟器○鳥獸之肉一本作其肉俎莊呂反**皮革齒牙骨角毛羽不登於器**謂以飾法度之器【疏】鳥獸至於器○正義曰說文云革獸皮治去其毛革更之然則有毛爲皮去毛爲革周禮掌皮秋斂皮冬斂革以其小異故別時斂之散文則皮革通也領上大齒謂之爲牙鳥翼長毛謂之爲羽齒牙毛羽各自小異故歷言之也登於俎謂升俎以共祭登於器謂在器以爲飾諸器之飾有用此材者○注俎祭宗廟器○正義曰饗燕之饌莫不用俎獨言宗廟器者明田獵取禽主爲祭祀若止共燕食則公亦不爲下注云法度之器其義亦然非法之器公亦不舉登訓爲升服虔以上登爲升下登爲成二登不容異訓且云不成於器爲不辭矣又器以此物爲飾寧復待之乃成也周禮獻人凡祭祀共其魚之鱻薨特牲少牢祭祀之禮皆有魚爲俎實肉登於俎公則射之而以觀魚爲非禮者此言不登於俎者謂妄出遊獵雖取鳥獸元不爲祭祀不登於器亦謂盤遊元不爲取材以飾器物今公觀魚乃是遊戲故以非之然登俎登器之物雖君所親至於庶羞雜物細小之倫雖爲祭祀亦君不射禮水土之品籩豆之物苟可薦者莫不咸在豈皆公親之也劉炫云此言田獵之時小鳥小獸則公不射雖講事而田尚不射小物況魚非講事不宜輒舉不謂登俎之物皆公所親射祭祀水土云云同**則公不射古之制也若夫山林川澤之實器用之資皁隸之事官司之守非君所及也**士臣皁皁臣輿輿臣隸言取此雜猥之物以資器備是小臣有司之職非諸侯之所親也○射食亦反皁才早反輿音餘猥烏罪反【疏】若大至及也○正義曰山林之實謂材木樵薪之類川澤之實謂蓤芡魚鱉之屬此皆器用之所資須賤人之所守掌非人君所宜親及之也此雖意諫觀魚而廣言小事故注云取此雜猥之物以資器備非諸侯所親也雜猥謂諸雜猥碎也資謂器之資財待此而備器之所用及所盛皆是也穀梁傳曰禮尊不親小事卑不尸大功魚卑者之事也公觀之非正與此同也若然月令季冬命漁師始漁天子親往嘗魚先薦寢廟彼禮天子親往此譏公者彼以時魚絜美取之以薦宗廟特重其事天子親行意在敬事鬼神非欲以爲戲樂隱公觀魚志在遊戲故譏之也

左隱五

四年春正月公狩于郎春而言狩蓋用冬狩之禮蒐狩例時而此月者重公失禮也莊四年冬公及齊人狩于郜傳曰齊人者齊侯也其曰人何也卑公之敵所以卑公也然則言齊人者所以人公則譏已明矣狩得其時故不月疏注春而至不月。釋曰周禮有四時之田春蒐夏苗秋獮冬狩皆用夏之四仲之月然周正月則是夏之十一月故左氏以此狩爲得時今范云春而言狩蓋用冬狩之禮以爲失時者蓋周公未制禮之時權用此法故得時節不同其名亦異仲尼脩春秋改周之文從殷之質因以爲春秋制也故何休注公羊亦云夏時不田春秋制也范以春狩爲失時又云蒐狩例時者昭八年秋蒐于紅又莊四年冬狩得其時雖譏公而不月是例時也左傳周禮爾雅並云春曰蒐夏曰苗秋曰獮冬曰狩公羊之文則春曰苗秋曰蒐冬曰狩此傳之文則春曰田夏曰苗秋曰蒐冬曰狩所以文不同者左氏之文是周公制禮之名二傳之文或春秋取異代之法或當天子諸侯別法經典散亡無以取正也四時之田皆爲宗廟之事也春曰田取獸於田。爲于僞反夏曰苗因爲苗除害故曰苗秋曰蒐蒐擇之舍小取大。蒐所由反麋氏本又作搜音同舍音捨冬曰狩狩圍狩也冬物畢成獲則取之無所擇疏注冬物至所擇。釋曰四時田獵若用時王之正則周之冬是夏之秋而云畢成者冬是一揔名周之十二月夏之十月萬物已收故得以畢成言之四時之田用三焉唯其所先得一爲乾豆上殺中心死速乾之以爲豆實可以祭祀。中丁仲反下同疏注上殺至祭祀。釋曰何休云自左膘射之達于右腢中心死疾故乾而豆之以薦宗廟豆祭器名狀如鐙天子二十有六諸公十有六諸侯十有二卿上大夫八下大夫六士三也大夫以上禮器之文士三者相傳爲說一爲賓客次殺射髀骼死差遲。射食亦反髀步啓反又必邇反骼若嫁反差初賣反疏注次殺至差遲。釋曰何休云自左膘射之達於右脾遠心死難故爲次殺毛傳云次殺者射右耳本次之今注云射髀骼則與彼異也髀骼者案儀禮髀骨髁以上者是也三爲充君之庖下殺中腸污泡死最遲先宗廟次賓客後庖廚尊神敬客之義。庖步交反污汙穢之泡普交反又百交反疏注下殺至之義。釋曰何休云自左膘射之達於右髃毛傳云左髀達於右髃爲下殺此云中腸同彼二說並無妨也

田獵

田蒐狩總名

春　苗

秋曰獮　乃以夏田者奉秋獮此一説周中最之

冬　狩

詩東有甫為田狩

會作大閱備之穀用乃之來不實役

四年春正月公狩于郎狩者何田狩也田者蒐狩之捴名也古者肉食衣皮服捕禽者故謂之田取獸于田故曰狩易曰結繩罔以田魚。狩手又反冬獵也疏

狩者何。解云正以春而言狩故執不知問。注田者蒐狩之捴名也。解云即尚書云文王不敢盤于遊田。注古者肉食衣皮服捕禽獸故謂之田取獸于田故曰狩易曰結繩罔以田魚。解云此古者謂三皇之時也故禮進退三皇時云昔者先王未有火化食草木之實鳥獸之肉飲其血茹其毛未有麻絲衣其羽皮後聖有作然後脩火之利治其麻絲以爲布帛以養生送死以事鬼神又下繫辭云黄帝堯舜垂衣裳而天下治彼注云始去羽毛故鄭注易說云古者田漁而食之因衣其皮先知蔽前後知蔽後後王易之以布帛而猶存其蔽前者重古道不忘本以此言之則黄帝以後始有火化而去毛羽則此古者三皇時可知

春曰苗苗毛也明當見物取未懷任者疏春曰苗。解云周禮春田謂之蒐何氏所不取

秋曰蒐。蒐簡擇也簡擇幼稚取其大者。曰廋本又作搜亦作蒐所求反簡擇也

冬曰狩狩猶獸也冬時禽獸長大遭獸可取不以夏田者春秋制也以爲飛鳥未去於巢走獸未離於穴恐傷害於幼稚故於苑囿中取之。長丁丈反年未同离力智反囿音又疏注不以至制也。解云正以周禮四時皆田故也

常事不書此何以書譏何譏爾遠也以其地遠禮諸侯田狩不過郊疏注以其至遠也。解云十年冬齊侯衛侯鄭伯來戰于郎傳云郎者何吾近邑莊三十一年春築臺于郎傳云何以書譏何譏爾臨民之漱澣也以此言之則郎爲近邑言遠也者蓋以郎邑在郊內其屬地在郊外若據邑言之則爲近若據地言之則爲遠也故哀十一年左氏郊之戰檀弓謂之戰于郎也者是郎邑在郊內之證也則此言狩于郎者据郊外屬地言之故言遠是以此注云以其地遠禮諸侯田狩不過郊不五年大雩之下注云去國遠狩是也而舊云以其云大野遠故言遠者非

諸侯曷爲必田狩據有囿也疏注據有囿也。解云即成十八年築鹿囿之屬是也

一曰乾豆一者第一之殺也自左膘射之達於右髆心中死疾鮮肩故乾而豆之中薦於宗廟豆祭器名狀如鐙天子二十有六諸公十有六諸侯十有二卿上大夫八下大夫六士二。左膘眦小反又扶了反上倉云小腹兩邊肉說文云脅後髀前肉射之食亦反下同右髆本又作髆魚俱反又五𦵔反說文云肩前也字林云肩前兩乳骨也五口反中心丁仲反下同鐙都鄧反又音登疏注自左至如鐙。解云時王之禮古制無文。注天子至士二。解云自下大夫六以上禮器文也其士三者何氏左之案聘禮致饔餼于上大夫堂上八豆設于房西則知此者堂上豆數也公食大夫禮曰宰夫自東房薦豆六設于醬東則食下大夫之禮而豆六則知食卿上大夫亦八明矣周禮公之豆四十侯伯之豆三十有二子男之豆二十有四者蓋普言之

二曰賓客二者第二之殺也自左膘射之達於右脾遠心死難故以爲賓客。遠于萬反疏二曰賓客。解云言以爲賓俎實爲猶作也

三曰充君之庖充備也庖厨也三者第三之殺也自左膘射之遠于右髃中腸胃汙泡死遲故以充君之庖厨已有三牲必田狩者孝子之意以爲己之所養不如天地自然之牲逸豫肥美禽獸多則傷五穀因習兵事又不空設故因以捕禽獸所以共承宗廟示不忘武備又因以爲田除害狩例時此月者譏不時也周之正月夏之十一月陽氣始施鳥獸懷任草木萌牙非所以養微。庖步苞反左髀方爾反又步啓反股外也本又作膘右髃羊紹反字林子小反一本作𦛨音賢泡普交反又百交反樀音步本又作㹀音博又音付共音恭爲田于僞反下音同疏注狩例時。解云即莊四年冬公及齊人狩于郜僖二十八年冬天王狩于河陽是也。注此月者至養微。解云在哀十四年孔子欲夏之孟冬以爲田狩之月

季冬命漁師始漁

○是月也命漁師始漁天子親往乃嘗魚先薦寢廟

天子必親往視漁明漁非常事重之也此時魚絜美疏注天子至絜美。正義曰按仲秋以犬嘗麻季秋以犬嘗稻皆不云天子親往今此天子親往特云嘗魚故云明漁非常事重之也以四時薦新是其常事魚則非常祭之物故云重之也

月令

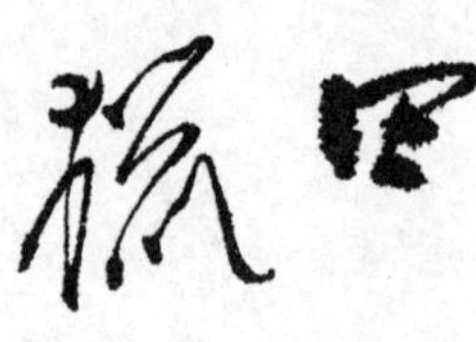

溪獺

命漁師伐蛟取鼉登龜取黿

天子居明堂右个乘朱路駕赤騮載赤旂衣朱衣服赤玉食菽與雞其器高以粗明堂右个南堂西偏也○命漁師伐蛟取鼉登龜取黿四者甲類秋乃堅成周禮曰秋獻龜魚又曰凡取龜用秋時是夏之秋也作月令者以爲此秋據周之時也周之八月夏之六月因書於此似誤也蛟言伐者以其有兵衛也龜言登者尊之也鼉言取羞物賤也鼉皮又可以冒鼓今月令漁師爲榜人○蛟音交鼉大多反又徒丹反黿音元冒亡報反榜必孟反疏命漁至取黿○正義曰此命漁師及仲夏養壯筱之等皆是煩細之事或非止一月所爲故不言是月也故注云四者甲類秋乃堅成明非獨季夏而取○注周禮至榜人○正義曰引周禮秋獻龜魚是獻人職文又云凡取龜用秋時是夏之秋也者是龜人職文引之者證作記之人謂此禮是周之秋八月當夏之六月故誤書於此言記之者非也

孟夏 驅獸毋害五穀毋大田獵

是月也驅獸毋害五穀毋大田獵為傷蕃庶之氣

月令孟夏

季春　田獵罝罘羅罔畢翳餧獸之藥毋出九門

九門

田獵宫室

田獵罝罘羅罔畢翳餧獸之藥

毋出九門為鳥獸方孚乳傷之逆天時也獸罟曰罝罘鳥罟曰羅罔小而柄長謂之畢翳射者所以自隱也凡諸罟及毒藥禁其出九門明其常有時不得用耳天子九門者路門也應門也雉門也庫門也皋門也城門也近郊門也遠郊門也關門也今月令無罘翳為弋○罝子斜反罘音浮翳於計反餧於偽反罟音古弋羊職反

○毋出九門○正義曰謂此月非田獵之時其罝罘羅網畢翳之器及餧獸之藥毋得出於九門若路門內有者不得出路門應門內有者不得出應門舉此可知城門內有者不得出城門既不得出城門則近郊之內無所用也若近郊之內先有者不得出近郊之門近郊之門尚不得出則近郊之內雖有亦不得用也舉此而言遠郊關門亦可知是此月之時所在之處遠近皆不得用故云毋出九門○注獸罟至為弋○正義曰按爾雅云兔罟謂之罝郭景純云罝猶遮也是罝為獸罟知罘亦獸罟者按釋器云罬謂之罦罦覆車也孫炎云覆車是兩轅網既是兩轅可以網鳥非但網鳥亦可以網獸廣雅云網謂之罟罘兔罟也是獸罟曰罝罘也此罘與罦一也鳥罟曰羅釋器文云網小而柄長謂之畢者以其似天上畢星毛詩傳云畢所以掩兔是也明其常有時不得用耳謂此等之物四時常有於此季春之時不得用之按周禮迹人云禁毒矢射者乃謂四時也云九門路門應門之等者自路門皋門已內皆宮室所在非田獵之處亦禁羅網毒藥不得出者此等門內雖是宮室所在亦有林苑及空閒之處得有羅網及毒藥所施云今月令無罘翳為弋者以今月令之本云田獵罝羅網畢弋與此經不同○

月令季春

獵

國君春田不合圍大夫不掩羣士不取麛卵

○國君春田不圍澤。大夫不掩羣。士不取麛卵。生乳之時重傷其類。麛音迷卵力管反乳如注反 疏 國君至麛卵。正義曰此明貴賤田獵不同國君諸侯也春時萬物產孕不欲多傷殺故不合圍繞取也夏亦當然。大夫不掩羣者羣謂禽獸共聚也羣聚則多不可掩取之。士不取麛卵者麛乃是鹿子之稱而凡獸子亦得通名也卵鳥卵也春方乳長故不得取也然國君春田不圍也則天子春圍大夫春不掩則國君春掩也士春不取麛卵則大夫春取也而王制云天子不合圍諸侯不掩羣則與此異者彼上云天子諸侯無事則歲三田鄭云三田者謂夏不田謂夏時也案周禮四時田而云三田者下因云不合圍則知彼亦夏禮也又史記湯立三面網而天下歸仁亦是不合圍也此間所明周制矣

曲禮下

勉案此與王制異者……

謂此合詩旨

維

鵜在梁不濡其翼鵜洿澤鳥也梁水中之梁鵜在梁可謂不濡其翼乎箋云鵜在梁當濡其翼而不濡者非其常也以喻小人在朝亦非其常○鵜徒低反洿音烏一音火故反彼其之子不稱其服箋云不稱者言德薄而服尊○稱尺證反注同

疏維鵜至其服○毛以爲維鵜鳥在梁可謂不濡其翼乎言必濡其翼以與小人之在朝可謂不亂其政乎言必亂其政彼其曹朝之子謂卿大夫等其人無德不能稱其尊服言其終必亂國也鄭上二句別義具箋○傳鵜洿至翼乎○正義曰鵜洿澤釋鳥文舍人曰鵜一名洿澤郭璞曰今之鵜鶘也好羣飛入水食魚故名洿澤俗呼之爲淘河陸機疏云鵜水鳥形如鶚而極大喙長尺餘直而廣口中正赤頷下胡大如數升囊若小澤中有魚便羣共抒水滿其胡而棄之令水竭盡魚陸地乃共食之故曰淘河以鵜是食魚之鳥故知梁是水中之梁謂魚梁也

天文

古者田獵有一制

魚麗于罶，鱨鯊。麗歷也罶曲梁也寡婦之笱也鱨楊也鯊鮀也太平而後微物眾多取之有時用之有道則物莫不多矣古者不風不暴不行火草木不折不操斧斤不入山林豺祭獸然後殺獺祭魚然後漁鷹隼擊然後罻羅設是以天子不合圍諸侯不掩羣大夫不麛不卵士不隱塞庶人不數罟罟必四寸然後入澤梁故山不童澤不竭鳥獸魚鼈皆得其所然。罶音柳鱨音常草木疏云今江東呼黃鱨魚尾微黃大者長尺七八寸許鯊音沙亦作魦今吹沙小魚也體圓而有黑點文舍人云鯊石鮀也鮀待何反大平音泰暴蒲卜反不操草刀反一本作不折不芟定本芟作操豺仕皆反獺勑鎋反又他末反漁音魚一本作獻同取魚也罻音畏麛亡兮反本或作麑同卵魯短反隱如字本又作偃亦如字塞蘇代反又漸勒反數七欲反又所角反陳氏云數細也罟音古

君子有酒，旨且多。箋云酒美而此魚又多也。有酒旨絕句且多此二字為句後章放此異此讀則非

疏 魚麗至且多。正義曰言武王之時萬物殷盛時捕魚者施笱於水中則魚麗麗於罶者是鱨鯊之大魚非直有此大魚又君子有酒矣其魚酒如何酒既旨美且魚復眾多魚酒多矣如是是萬物盛多能備禮也。傳罶曲至所然。正義曰釋訓云凡曲者為罶是罶曲梁也釋器曰嫠婦之笱謂之罶是寡婦之笱也釋訓注郭璞引詩傳曰罶曲梁也凡以薄取魚者名為罶也釋器注孫炎曰罶曲梁其功易故謂之寡婦之笱然則曲薄也以薄為魚笱其功易故號之寡婦笱耳非寡婦所作也鱨楊者魚有二名釋魚無文陸機疏云鱨一名黃頰魚是也似燕頭魚身形厚而長大頰骨正黃魚之大而有力解飛者徐州人謂之楊黃頰通語也鯊鮀釋魚文郭璞曰今吹沙也陸機疏云魚狹而小常張口吹沙故曰吹沙此寡婦笱而得鱨鯊之大魚是眾多也魚所以眾多傳因推而廣之云大平而後微物眾多見此詩舉魚多明此義也微物尚眾多況其著者微物所以眾多由取之以時用之有道不妄夭殺使得生養則物莫不多矣古者不風不暴不行火言風暴然後行火也風暴者謂氣寒其風疾其風疾即北風謂之涼風北風箋云寒涼之風病害萬物是也北風冬風之揔名自十月始則暴風謂十月也故王制云昆蟲未蟄不以火田羅氏云蜡則作羅襦鄭云謂建亥之月今俗放火張羅其遺教是十月也草木不折不芟斤斧不入山林言草木折芟斤斧乃入山林也草木折芟謂寒霜之勁暴風又甚草木枝折葉隕謂之折芟月令季秋草木黃落則十月風暴當折芟矣言芟者蓋葉落而盡似芟之定本芟作操又云斧斤入山林無不設字也然則十月而斤斧入山林月令季秋伐薪為炭者炭以時用所伐者少耳故未芟折可伐之也豺祭獸然後殺者言豺殺獸聚而祭其先然後可田獵取獸也月令季秋豺祭獸而戮禽雖九月始十月豺祭也故夏小正云十月豺祭獸援神契云獸蟄伏豺食禽皆據十月是以羅氏注云建亥之月豺既祭獸可施羅網圍取禽獸是也獺祭魚然後漁亦謂獺聚其魚以祭先然後可捕魚耳援神契曰獸蟄伏獺祭魚亦十月也王制曰獺祭魚然後虞人入澤梁與此一也月令孟春獺祭魚則獺亦有二時祭魚此類上文為孟冬矣鷹隼擊然後罻羅設鷹及隼行威擊殺鳥鳥然後設羅以田也案夏小正五月鳩化為鷹月令季夏鷹乃學習孟秋鷹乃祭鳥則一鷹也仲春化為鳩其變從五月始至八月當全為鷹與仲春相對故司裘云仲秋王乃行羽物注云此羽物小鳥鶉雀之屬鷹所擊者仲秋鳩化為鷹順其始殺而大班賜羽物王制亦云鳩化為鷹而罻羅設故據此似八月也但鳩化為鷹得在八月言罻羅設則非八月之

事鄭云順其始殺則饗八月始擊十月乃甚又文與犨連共豺獺相對爲十月事也言罻羅設者說文云罻捕鳥網則是羅之別名蓋其細密者也自此以上是取之以時也既言取之以時又說取之節度天子不合圍言天子雖用獵不得圍之使迺恐盡物也大司馬云仲春鼓遂圍禁則四時皆圍但不逆耳諸侯言不掩羣大夫言不麛不卵各舉其力之所能以禁之耳其實通皆不得故魯語云獸長麑䴠鳥翼鷇卵王制直言不麛不卵不殺胎不殀夭示人禁取麛卵是尊卑皆禁也但急於春夏緩於秋冬差可爲恐盡物以長養之故也若時有所須如春爲韭卵秋膳犢麛之屬得取而用正不得故田獵以取之下曲禮云國君春田不圍澤大夫不掩羣士不麛不卵與此異者此自天子而下彼自諸侯而下各爲等級所以不同亦推此知各禁其所能耳國君直言春田不圍澤不言夏者以夏長養之時彌不得從可知也雖秋冬得圍之自然不得迺也士不隱塞者爲梁止可爲防於兩邊不得當中皆隱塞亦爲盡物也庶人不摠罟謂罟目不得摠之使小言使小魚不得過也集本摠作緵依爾雅定本作數義俱通也罟目必四寸然後始得入澤梁耳由其如此故山不童澤不竭童者若童子未冠者也山無草木若童子未冠然草木之屬不妄斬伐則山不童也萑蒲之類取之以道則澤不竭也如是則鳥獸魚鱉各得其所然也是微物衆多然者語助此皆似有成文但典籍散亡不知其出耳。箋酒美至又多。正義曰言且多文承有酒之下三章則似酒多也而以爲魚多者以此篇下三章還覆上三章也首章言旨且多四章云物其多矣二章云多且旨五章云物其旨矣三章言旨且有卒章云物其有矣下章皆疊上章句末之字謂之爲物若酒則人之所爲非自然之物以此知且多且旨且有皆是魚也

田獵

三驅禽向己則舍背己之射

九五顯比王用三驅失前禽邑人不誡吉爲比之主而有應在二顯比者也比而顯之則所親者狹矣夫无私於物唯賢是與則去之與來皆无失也夫三驅之禮禽逆來趣已則舍之背已而走則射之愛於來而惡於去也故其所施常失前禽也以顯比而居王位用三驅之道者也故曰王用三驅失前禽也用其中正征討有常伐不加邑動必討叛邑人无虞故不誡也雖不得乎大人之吉是顯比之吉也此可以爲上之使非爲上道也疏九五顯比至邑人不誡吉○正義曰五應於二顯明比道不能普徧相親是比道狹也王用三驅失前禽者此假田獵之道以喻顯比之事凡三驅之禮禽向己者則舍之背已者則射之是失於前禽也顯比之道與己相應者則親之與己不相應者則疎之與三驅田獵愛來惡去相似故云王用三驅失前禽也言顯比之道似於此也邑人不誡吉者雖不能廣普親比於自己相親之處不妄加討罰所以己邑之人不須防誡而有吉也至于邑人不誡而爲吉非是大人弘闊之道不可爲大人之道但可爲大人之使○注爲比之主至非爲上之道○正義曰去之與來皆无失者若比道弘闊不偏私於物唯賢是親則背己去者與來向己者皆悉親附无所失也言去亦不失來亦不失夫三驅之禮者先儒皆云三度驅禽而射之也三度則已今亦從之去則射之褚氏諸儒皆以爲三面著人驅禽必知三面者禽唯有背己向己趣己故左右及於後皆有驅之愛於來而惡於去者來則舍之是愛於來也去則射之是惡於去也故其所施常失前禽者言獨比所應則所比爲失如三驅所施愛來憎去則失在前禽也用其中正征討有常伐不加邑動必討叛者此九五居中得正故云用其中正也心旣中正不妄喜怒故征伐有常也所伐之事不加親己之邑興師動衆必欲討其叛逆五以其顯比親者伐所不加也叛者必欲征伐也云雖不得乎大人之吉是顯比之吉者以象云顯比之吉其比狹也若大人之吉則比道弘通也可以爲上之使非爲上之道者九五居上之位若爲行如此身雖爲王止可爲上使之人非是爲王之道故云非爲上之道象曰顯比之吉位正中也舍逆取順失前禽也邑人不誡上使中也疏顯比之吉至上使中也○正義曰顯比之吉位在中者所以顯比得吉者以所居之位正而且中故云顯比之吉舍逆取順失前禽也者禽逆來向己者則舍之而不害禽順去背己而走者則射而取之是失前禽也

收發　收發

田理の六五

關於山澤

商業

交易

~~讀士氏易貿者不求聞焉~~

管子乘馬「地之不可食者……命之曰地均」

「十倍之非……比之于澤」

○齊宣王問曰文王之囿方七十里有諸孟子對曰於傳有之〈囿音又傳直戀反〉曰若是其大乎曰民猶以爲小也曰寡人之囿方四十里民猶以爲大何也曰文王之囿方七十里芻蕘者往焉雉兎者往焉與民同之民以爲小不亦宜乎〈芻初音蕘音饒〉臣始至於境問國之大禁然後敢入臣聞郊關之內有囿方四十里殺其麋鹿者如殺人之罪則是方四十里爲阱於國中民以爲大不亦宜乎〈阱才性反〉

田獵使人驅禽

彼茁者葭茁出也葭蘆也箋云記蘆始出者著春田之早晚。茁側劣側刷二反葭音加蘆音盧草也著張慮反後不音者放此壹發五豝豕牝曰豝虞人翼五豝以待公之發箋云君射一發而翼五豬者戰禽獸之命必戰之者仁心之至。發如字徐音廢豝百加反牝頻忍反徐扶死反射食亦反于嗟乎騶虞騶虞義獸也白虎黑文不食生物有至信之德則應之箋云于嗟者美之也疏彼茁至騶虞。正義曰言彼茁茁然出而始生者葭

十三經注疏　詩一之五　國風　召南　三三

草也國君於此草生之時出田獵壹發矢而射五豝獸五豝唯壹發者不忍盡殺仁心如是故于嗟乎歎之歎國君仁心如騶虞騶虞義獸不食生物有仁心國君亦有仁心故比之。傳茁出葭蘆。正義曰謂草生茁茁然出故云茁茁也非訓爲出葭蘆釋草文李巡曰葦初生。傳豕牝至之發。正義曰豕牝曰豝釋獸文又解君射一發而翼五豝者由虞人翼驅五豝以待公之發矢故也多士云敢翼殷命注云翼驅也則此翼亦爲驅也知有驅之者吉日云漆沮之從天子之所傳曰驅禽而至天子之所又曰悉率左右以燕天子傳曰驅禽之左右以安待天子之射又易曰王用三驅失前禽也故知田獵有使人驅禽之義知虞人驅之者以田獵則虞人之事故山虞云若大田獵則萊山田之野澤虞云若大田獵則萊澤野天子田獵使虞人則諸侯亦然故騶虞箋云奉是時牡者謂虞人田僕云設驅逆之車則僕人設車虞人乘之以驅禽也言驅逆則驅之逆之皆爲驅也。箋君射至之至正義曰解云君止一發必翼五豝者戰禽獸之命必云戰之者不忍盡殺令五豝止一發中則殺一而已亦不盡殺之猶如戰然故云戰禽獸之命也而必云戰之者仁心之至不忍盡殺故也。傳騶虞至應之

胥六人徒六十人小川下士二人史一人徒二十人川流水也禹貢曰九川滌源。滌徒歷反疏川衡至十人。釋曰川衡者平知川之遠近寬狹及物之所出官及胥徒多者以其川路長遠巡行勞役故也●川小川之等自若常法故差少。注川流至滌源。釋曰言川流水也者對澤爲停水又引禹貢九川滌源者爲禹治洪水已訖九州之川已滌除泉源無擁塞矣引之者證川是流水

川衡每大川下士十有二人史四人胥十有二人徒百有二十人中川下士六人史二人

川衡掌巡川澤之禁令而平其守以時舍其守犯禁者執而誅罰之舍其守者時案視守者於其舍申戒之疏川衡至罰之。釋曰川注瀆者皆是也水鍾曰澤澤與川不同官今川衡兼云澤者澤與川連者則川衡兼掌之謂若濟水溢爲滎澤滎澤則與濟連則管濟川者兼滎澤掌之如此之類皆是。注舍其至戒之。釋曰此舍其守謂川衡之官時復巡行所守之民當案視其所守守人當於其舍申重戒勑之也祭祀賓客共川奠川奠籩豆之實魚鱐蜃蛤之屬。奠音電下同鱐所留反蜃上忍反蛤古荅反疏注川奠至之屬。釋曰鄭此注皆據醢人及籩人而言案籩人職云朝事之籩有𪌉蕡白黑形鹽膴鮑魚鱐醢人云饋食之豆有蜃醢蠯醢蜃蠯是蛤則魚鱐及蜃皆川中所生之物故引爲證川奠也言之屬者其有蠃醢亦是川奠故云之屬

澤虞

澤虞每大澤大藪中士四人下士八人府二人史四人胥八人徒八十人中澤中藪如中川之衡小澤小藪如小川之衡澤水所鍾也水希曰藪禹貢曰九澤既陂爾雅有八藪。藪素口反陂彼宜反 疏 澤虞至小川之衡。釋曰虞亦度也度知澤之大小及物之所出用中士尊於川衡者以其澤之所出物衆多胥徒少者以其巡行處近故也中澤小澤已下皆如川衡者自是常法。注澤水至八藪。釋曰澤水所鍾者鍾聚也謂聚水於其中更無所注入案周語虞大子晉云山土之聚澤水之鍾籑要亦云水所鍾曰澤故知澤水所鍾也云水希曰藪者希乾也案鄭詩云叔在藪火列具舉舉藪中田獵明知無水又案爾雅藪在釋地之篇不入釋水故知水希曰藪以其藪與澤也有水無水爲異故於經別立官掌之案職方澤藪曰具區之類及毛傳云藪澤皆同爲一者以其有水則爲澤無水則爲藪元是一物故同解之引禹貢曰九澤既陂者亦謂禹治洪水既訖九州之澤既已陂障無決溢矣引爾雅有八藪者禹貢九澤通畿內一州則有九爾雅云八藪除畿內一州而言引此二文者證藪澤有異案爾雅釋有十者以其周秦同在雍州秦有楊紆周有焦護一州有二故十又爾雅秦有楊陓職方冀州有楊紆蓋異所而同名也

澤虞掌國澤之政令爲之厲禁使其地之人守其財物以時入之于玉府頒其餘于萬民其地之人占取澤物者因以部分使守之以時入之于玉府謂皮角珠貝也入之以當邦賦然後得取其餘以自爲也入出亦有時日之期。當丁浪反後文皆同爲于僞反下注同 疏 澤虞至萬民。釋曰案上山虞林衡川衡皆不言國獨澤虞云國澤者周公設經二虞二衡文有不同皆是互見爲義故也此澤虞云以時入之于玉府頒其餘于萬民亦據中所出入玉府者多故特言之無妨山虞川衡之等亦入玉府亦是互見其義也。注其地至之期。釋曰以時入之于玉府者但萬民入澤雖無正文案王制獺祭魚然後虞人入澤梁草木零落然後入山林則萬民入澤可同時云謂皮角珠貝也者澤中所出無過此四物皮謂犀皮角麋角犀角珠出於蜯蛤蠙蛤在澤其貝亦出澤水故知之也云出入亦有時日之期者亦如山虞職所云也

凡祭祀賓客共澤物之奠澤物之奠亦籩豆之實芹茆菱芡之屬。芹音勤茆音卯菱音陵芡音儉 疏 注澤物至之屬。釋曰案籩人職加籩之

掌蜃下士二人府一人史一人徒八人蜃大蛤月令孟冬雉入大水為蜃○蜃上忍反蛤古荅反疏注蜃大至為蜃○釋曰案其職云掌斂互物蜃物以共闉壙之蜃亦徵斂之官故在此言蜃大蛤者對雀入大水化為蛤者為小蛤引月令雉入大水為蜃者案國語大水淮也

掌蜃掌斂互物蜃物以共闉壙之蜃互物蚌蛤之屬闉猶塞也將井椁先塞下以蜃禦濕也鄭司農說以春秋傳曰始用蜃炭言僭天子也○互戶故反蚌蒲項反御魚呂反本亦作禦疏掌蜃至之蜃○釋曰斂互物者以其互物是蜃之類故因類使兼掌之又云蜃物者共百事之蜃與下共闉壙之蜃別○注互物至子也○釋曰云互物蚌蛤之屬者案鼈人云掌取互物先鄭云互物謂有甲𤓰胡龜鼈之屬此後鄭互物為蚌蛤者彼下文別有𪓐𪓐即蛤故從先鄭為龜鼈至此別為蚌蛤亦是有甲𤓰胡故也云將井椁先塞下以蜃禦濕也者案士喪禮筮宅還井椁於殯門之外注云既哭之則往施之竁中是未葬前井椁材乃往施之壙中則未施椁前已施蜃灰於椁下以禦濕也引春秋者是成公二年宋文公卒始厚葬用蜃炭雖二王之後不得純如天子亦用蜃故譏引之者證天子之宜也

祭祀共蜃器之蜃飾祭器之屬也鬯人職曰凡四方山川用蜃器春秋定十四年秋天王使石尚來歸蜃蜃之器以蜃飾因名焉鄭司農云蜃可以白器令色白○白器如字劉薄霸反疏注飾祭至色白○釋曰經直云蜃器之蜃鄭摠云祭器之屬不辨宗廟及社稷之器則宗廟社稷皆用蜃飾之知義然者案此注引左氏云石尚來歸蜃公羊以為宜社之肉以蜃器而盛肉故名肉為蜃是祭社之器為蜃也大行人云歸脤以交諸侯之福彼則宗廟社稷之器物謂之為脤是其宗廟社稷之器皆蜃灰飾之事也

共白盛之蜃盛猶成也謂飾牆使白之蜃也今東萊用蛤謂之叉灰云疏注盛猶至灰云○釋曰言白成謂飾牆使白之蜃也案爾雅云地謂之黝牆謂之堊黝黑也堊白也若然此經所云白盛主於宗廟堊牆也云今東萊用蛤謂之叉灰云者蜃蛤在泥水之中東萊人叉取以為灰故以蛤灰為叉灰云也

實有蔆芡朝事之豆有茆菹加豆之實有芹菹是皆澤中所出
故引證澤物之奠也言之屬者兼有深蒲昌本之等故云之屬
喪紀共其葦蒲之事葦以闉壙蒲以爲席疏注葦以至爲席○釋曰蒲
以爲席者謂抗席及禮記云虞卒哭苄翦不納者是也
若大田獵則萊澤野及弊田植虞旌以屬禽屬禽猶致禽而珥焉澤虞有旌以其主澤澤鳥所集故得注析
羽疏若大至屬禽○釋曰萊所田之野一如山虞之職也○注屬禽至析羽○釋曰云屬禽猶致禽者案山虞致禽之
義謂輸之於公當致之於虞旗之中而珥焉以效功此云屬禽者謂百姓致禽訖虞人屬聚之別其等類每禽取
三十焉若然則致禽與屬不同而鄭云屬禽猶致禽者鄭欲明山虞澤虞文皆不足故互見爲義彼此有其事故
云屬禽猶致禽而珥焉云澤虞有旌以其主澤澤鳥所集故得注析羽者以澤是鳥之所集故得建析羽之旌

迹人中士四人下士八人史二人徒四十人迹之言跡知禽獸處疏注迹之至獸處○釋曰案其職云掌邦田之政亦是地事故在此

迹人掌邦田之地政爲之厲禁而守之田之地若今苑也疏迹人至守之○釋曰迹人主迹知禽獸之處故知掌邦田之地政云爲之厲禁而守之者有禽獸之處則爲苑囿以林木爲藩羅使其地之民遮厲守之故鄭云田之地若今苑也凡田獵者受令焉令謂時與處也疏注令謂時與處也○釋曰云時與處者謂若仲春仲夏仲秋仲冬是其時云處者謂山澤也其受令者謂夏官主田獵者禁麛卵者與其毒矢射者爲其夭物且害心多也麛麑鹿子○麛音迷卵力管反疏注爲其至多也○釋曰此謂四時常禁案月令孟春云不麛不卵又王制云國君春田不圍澤大夫不掩羣士不麛不卵者彼以春時先乳特禁之其月令季春云餧獸之藥毋出九門者彼亦禁其春時彼鄭注云凡諸罟及毒藥禁其出九門明其常有時不得用耳云爲其夭物釋經禁麛卵者且害心多釋毒矢射者也

賦斂

委人斂野之芻薪——野之園圃山澤之賦

委人以甸稍聚待賓客芻薪旅

餘　頒賜

軍旅　委人供委積薪芻

委人與賓客與軍旅之賓客——助王征討之軍旅

廩饎皆芻薪但皆燕

野之芻薪旅而斂之亦為積儲蓋遍布以入王所特別為遍布之而共野者

委人中士二人下士四人府二人史四人徒四十人 主斂甸稍芻薪之賦以共委積者也○委烏僞反注同 疏注主斂至者也○釋曰案其職云

掌斂野之賦斂薪芻凡疏材木材凡畜聚之物故鄭云主斂甸稍薪芻之賦共與遺人在道以供賓客故云以供委積者也亦與徵斂之官連類在此

委人掌斂野之賦斂薪芻凡疏材木材凡畜聚之物野謂遠郊以外也所斂野之賦謂野之園圃山澤之賦也凡疏材草木有實者也凡畜聚之物瓜瓠
葵芋禦冬之具也野之農賦旅師斂之工商嬪婦遂師以入玉府其牧則遂師又以共野牲○斂力豔反畜勑六反注同芋于附反 疏 注野謂至野牲○釋曰委人所斂皆據六遂以外至王畿故鄭云野謂遠郊以外摠言之也云所斂
野之賦謂野之園圃山澤之賦也者此則九職所出貢賦通言之九職之中有園圃毓草木又有虞衡作山澤之材故
以園圃山澤言之也云凡疏材草木有實者也者疏是草之實材是木之實故鄭並言之九職中有臣妾聚斂疏材鄭彼
注云疏材百草根實不以木解材文略也彼臣妾聚斂雖無貢法要知此疏材亦是草木有根實者鄭不言根亦略言之
也云凡畜聚之物瓜瓠葵芋禦冬之具也者七月詩有八月斷壺壺瓠也有甘可食者信南山詩疆場有瓜士喪禮又有
葵菹芋故知畜聚物中有瓜瓠葵芋之等但士喪禮籩豆羞之葵菹芋芋爲長菹不得爲芋子其南方有芋子堪食與士
喪禮芋別也云野之農賦旅師斂之者即上旅師所云聚野之耡粟之等是也云工商嬪婦遂師以入玉府者案遂師云
入野職野賦于玉府雖不言工商嬪婦但遂師既入野之賦貢明嬪婦工商之賦也知者以其玉府掌玩好之物其工商
嬪婦所作堪爲玩好故入玉府者工商嬪婦也云其牧則遂師又以共野牲者上遂師云凡國祭祀共其野牲是知九職
之中藪牧養鳥獸者遂師共之也以稍聚待賓客以甸聚待羇旅聚凡畜聚之物也故書羇作奇杜子春云當爲羇○聚俗裕反下文同 疏 以稍至羇旅○釋曰委人掌斂野賦
故以三百稍地之聚二百里甸之聚以待羇旅過客之等○注聚凡至爲羇○釋曰鄭知聚是凡畜聚者見上文凡畜聚之物故知此聚亦是畜聚之物凡其余聚以待頒賜余當爲餘聲之誤也餘謂縣都
畜聚之物 疏 注余當至之物○釋曰知餘聚是縣都者以其委人掌斂野物從二百里至王畿上已云甸稍明此言餘聚是縣四百里都五百里中畜聚之物如上稍甸畜聚之物也以式灋共祭祀之
薪蒸木材賓客共其芻薪喪紀共其薪蒸木材軍旅共其委積薪芻凡疏材共野委兵器
與其野囿財用式法故事之多少也薪蒸給炊及燎麤者曰薪細者曰蒸木材給張事委積薪芻者委積之薪芻也軍旅又有疏材以助禾粟野委謂廬宿止之薪芻也其兵器謂守衛陳兵之器也野囿之財用者苑
圃藩蘿之材○蘿音羅本亦作羅 疏 以式至材用○釋曰此一經以委人斂野賦故所有委積皆供之○注式法至之材○釋曰云式法故事之多少也者摠此一經皆當依舊法式用之故以法式目之也云薪蒸給炊及燎者以
其祭祀所用薪蒸無過炊米與燔燎也知麤者曰薪細者曰蒸者左氏傳云其父析薪薪既云析明其大者曰薪其蒸不言析明其細也云木材給張事者以其祭祀而云木材等更無用木材之處案掌次云張大次小次及幕並須木材明據
此所用故云給張事云委積薪芻者委積之薪芻也者案大行人掌客皆有委積委積之中有牲牢米禾薪芻之等委人所供惟供薪芻鄭恐委積之中有米牲牢亦供之故云委積薪芻是委積之中供薪芻以別之也云軍旅又有疏材以助
禾粟者以其疏材是百草根實可得助禾粟以供馬牛故云助禾粟也云野委謂廬宿止之薪芻也者案遺人云十里有廬廬有飲食三十里有宿宿有委五十里有市市有積委積之中有芻薪在野外故云野委也其六鄉之廬宿委積薪芻
自六鄉供之云其兵器謂守衛陳兵之器也者其文承野委之下明與野委同爲賓客所用故知是守衛賓客陳兵之器也云野囿之財用者苑囿藩蘿之材者委人所爲皆據二百里上經稍聚待賓客據三百里此囿故知在野故鄭以野囿

言之古者田獵皆在圃故書傳云禽之取於圃是勇力取今之取於澤是揖讓取若然田在澤澤中有圃田在山山中有苑其苑圃藩羅以遮禽獸故云野圃財用也

凡軍旅之賓客館焉館舍也必舍此者就牛馬之用

疏凡軍至館焉○釋曰言軍旅賓客者謂諸侯以軍旅助王征討者故謂之軍旅之賓客也（以下）

彭山縣々財務局長史列[illegible]什手書

以資[illegible]口旋爲旋實[illegible]

山澤

按方一本作百

課凶饑。計師役。觀臺榭。量國費。而實虛之國可知也。凡田野萬家之衆。可食之地方五十里。可以為足矣。萬家以下。則就山澤可矣。萬家以下其人少可以就山澤逐便利萬家以上。則去山澤可矣。萬家以上其人多則去山澤就原陸而山澤有禁也彼野悉辟而民無積者。國地小而食地淺也。田半墾而民有餘食而粟米多者。國地大而食地博也。國地大而野不辟者

管子八觀

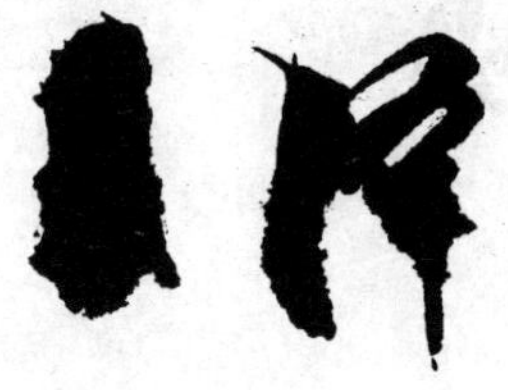

命。澤人納材葦蒲葦之屬此時柔刃可取作器物也。葦于鬼反刃而慎反

山澤

遂令水虞漁師收水泉池澤之賦

○是月也乃命水虞漁師收水泉池澤之賦毋或敢侵削衆庶兆民以爲天子取怨于下其有若此者行罪無赦因盛德在水收其稅

月令孟冬

野虞教取蔬食田獵禽獸林衡守

山林藪澤有能取蔬食田獵禽獸者野虞教道之其有相侵奪者罪之不赦務收斂野物也

大澤曰藪草木之實爲蔬食○藪素口反道音導　疏注大澤至蔬食○正義曰按鄭注周禮水鍾曰澤水希曰藪今言大澤曰藪者以有水之處謂之澤旁無水之處謂之藪草木之實爲蔬食者爾雅云蔬不孰爲饉蔬謂菜蔬以其鬻蔬經言蔬食故爲草木實也山林蔬食榛栗之屬藪澤蔬食菱芡之屬

山澤

割 收

四監收秩薪柴一虞衡之四監似亦當作監參看虞衡條之四監

大者可析謂之薪施炊爨

小者合束謂之柴以給燎

○乃命四監收秩薪柴以共郊廟及百祀之薪燎四監主山林川澤之官也大者可析謂之薪小者合束謂之柴薪施炊爨柴以給燎春秋傳曰其父析薪令月令無及百祀之薪燎○共音恭下文以共皆同燎力召反析思歷反下同爨七亂反疏注四監至薪燎正義曰以薪柴出於山林川澤故四監爲山林川澤之官也薪施炊爨柴以給燎者以薪柴並文故知各有所用上云薪柴下云薪燎故知柴以給燎引春秋傳曰其父析薪其子弗克負荷引之者證薪是麤大可析之物云今月令無及百祀之薪燎者謂無此句之文也

月令

山澤

澤林盬國之寶也

晉人謀去故絳○晉復

命新田爲絳故謂此故絳○復扶又反 諸大夫皆曰必居郇瑕氏之地 郇瑕古國名河東解縣西北有郇城○郇音旬解音蟹 沃饒而近盬 盬鹽也猗氏縣鹽池是○近附近之近下及注 疏 沃饒至失也○正義曰土田良沃五穀饒多民豐則國利財多則君樂其處不可失也○注盬鹽至池是○正義曰說文云盬河東鹽池袤五十一里廣七里周裋百一十六里字從鹽省古聲然則盬是鹽之名鹽雖是鹽唯此池之鹽獨名爲盬餘鹽不名盬也 國利君樂不可失也韓獻子將新中軍且爲僕大夫 兼太僕○樂音洛下謂樂同將子匠反下注軍將同大僕音泰 公揖而入獻子從公立於寢庭 路寢之庭 疏 注路寢之庭○正義曰禮玉藻云君日出而視朝退適路寢聽政知寢庭是路寢之庭也沈氏云大僕職云王視燕朝則正位掌擯相鄭注云燕朝朝於路寢之庭也其路門之外朝則司士掌焉故司士掌治朝之儀治朝則路門之外每日治朝事之朝也其庫門之外朝則朝士掌焉故朝士云掌外朝之法此是詢衆庶問罪人之處也凡人君內朝二外朝一內朝二者路門內外之朝也外朝一者庫門外之朝也若諸侯三門皐應路外朝則在應門外魯之三門庫雉路則外朝在雉門外 謂獻子曰

成六

成六

何如問諸大夫言是非對曰不可郇瑕氏土薄水淺土薄地下其惡易覯惡疾疢覯成也。易以豉反下注同覯古豆反疢勑覲反本或作疢同疏注惡疾疢覯成也。正義曰下云土厚水深居之不疾此云土薄水淺必居之多疾以此知惡是疾疢也爾雅訓覯爲見杜以惡爲疾疢疾疢非難見之物唯苦其病成耳故訓覯爲成言其病易成由水土惡故也易覯則民愁民愁則墊隘墊隘羸困也。墊丁念反隘於賣反羸劣僞反疏易覯至墊隘。正義曰疾疢易成則下民愁苦民既愁苦體必羸困羸困而謂之墊隘者方言云墊下也地之下濕狹隘猶人之羸瘦困苦故杜以墊隘爲羸困也於是乎有沈溺重膇之疾沈溺濕疾重膇足腫。溺乃歷反膇治僞反一音直媿反足腫章勇反一音常勇反不如新田今平陽絳邑縣是土厚水深居之不疾高燥故有汾澮以流其惡汾水出大原經絳北西南入河澮水出平陽絳縣南西入汾惡垢穢。汾扶云反澮古外反垢古口反且民從教无災患十世之利也疏且民至利也。正義曰民有災患則不暇從上无災患則從教化十者數之小成故云十世之利也夫山澤林鹽國之寶也國饒則民驕佚財易致則民驕侈。佚音逸疏注財易至驕侈。正義曰魯語敬姜云昔者聖王之處民也擇瘠土而居之勞其民而用之故長王天下夫民勞則思思則善心生逸則淫淫則忘善忘善則惡心生沃土之民不材逸也瘠土之民莫不向義勞也敬姜此語自是激發之辭未必聖王盡然要亦有此理也大史公書稱武王克殷殷民富侈大史公曰奢侈厚葬以破其產爲其富而驕佚故設法以貧之也管子曰倉廩實而知禮節衣食足而知榮辱讓生於有餘爭生於不足論語稱孔子適衛欲先富而後教爲其貧而無恥欲營生以富之也此皆觀民設教故其理不同若遷都近鹽則民皆商販則富者彌富驕侈而難治貧者益貧饑寒而犯法且貧者貪富而致貧富者削貧而爲富惡民之富乃是愁民之貧欲使貧富均而勞逸等也近寶公室乃貧不可謂樂近寶則民不務本疏注近寶則民不務本。正義曰農業人之本也商販事之末也若民居近寶則棄本逐末廢農爲商則貧富兼并若貧富兼并則貧多富少貧者無財以共官富者不可以倍稅賦稅少則公室貧也公說從之夏四月丁丑晉遷于新田爲季孫如晉傳。說音悅

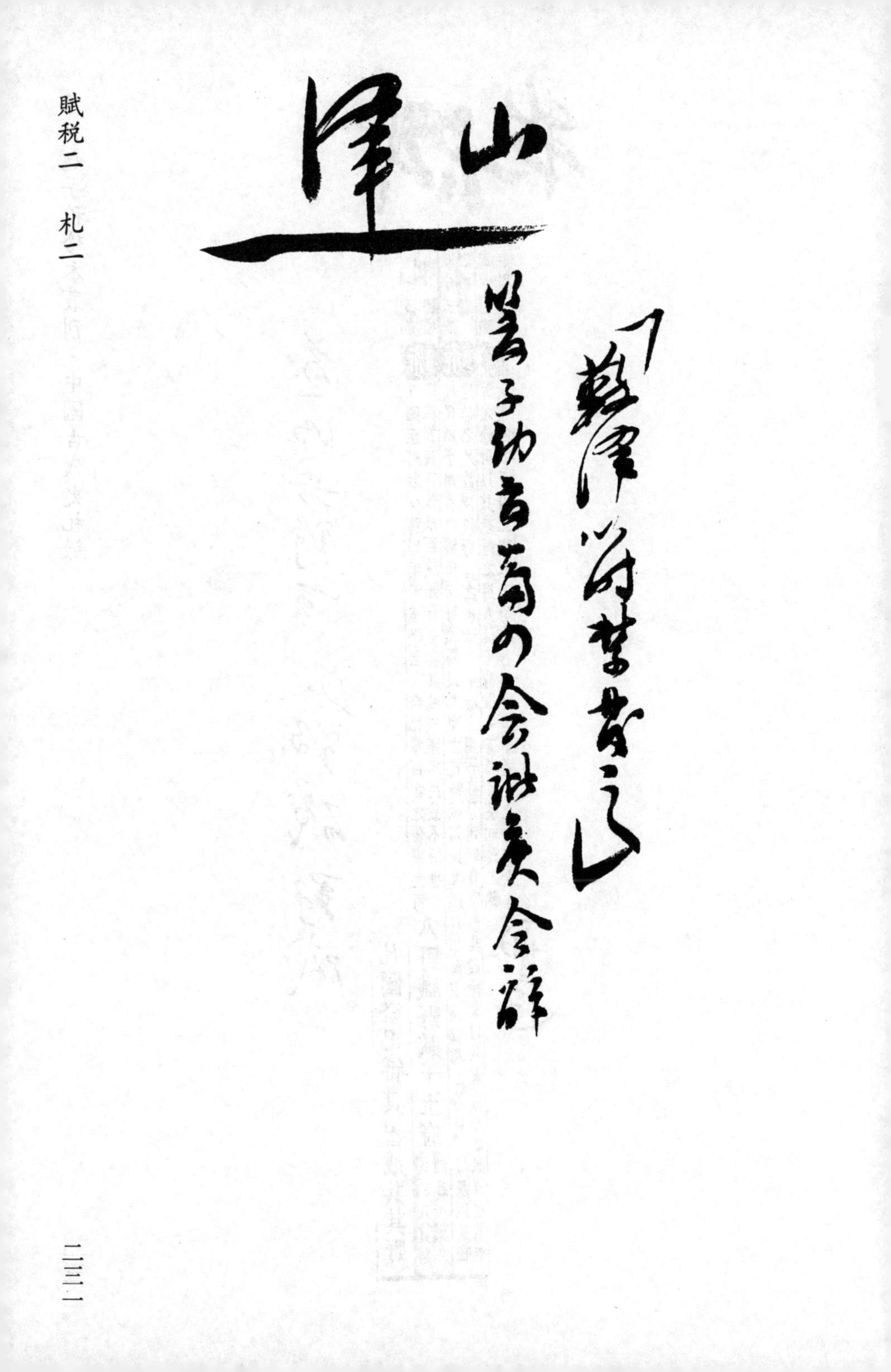

遂師共野牲　入野職野賦

凡國祭祀審其誓戒共其野牲　審亦聽也　疏　凡國至野牲○釋曰案冢宰職云大祭祀掌百官之誓戒大司寇涖誓百官并戒百族此官主審其戒戒遂之民故不同也

入野職野賦于玉府　民所入貨賄以當九職九賦中玉府之用者　疏　注民所至用者○釋曰云野職謂民九職之貢野賦謂民九賦自邦甸家稍縣都之等口率出泉以其在遠郊之外故皆以野言之也云中玉府之用者亦是遂師自當徵其穀稅泉以入大府分之泉府也若然案大府職云式貢之餘財以共玩好之用入於玉府彼入玉府者是式貢之餘財財之美者由大府乃入玉府此經入玉府者非財之美不堪王之玩好者也

柞氏下士八人徒二十人柞除木之名除木者必先𢮦剥之鄭司農云柞讀爲音聲唶唶之唶屋笮之笮○柞側百反注唶屋笮皆同𢮦古飽反疏柞氏至十人○釋曰在此者案其職云掌
攻草木亦是除惡之義故在此○注柞除至之笮○釋曰知柞是除木之名者見詩云載芟載柞芟是除草明柞是除木
云除木者必先刊剥之者見其職云夏日至令刊陽木而火之冬日至令剥陰木而水之是先刊剥之先鄭讀柞爲音聲
唶唶之唶者讀從春秋行扈唶唶之唶
又爲屋笮之笮者俗讀皆從音同也

柞氏掌攻草木及林麓林人所養者山足曰麓○柞側百反麓音鹿疏注林人至曰麓○釋曰此柞氏與薙氏治地皆擬後年乃種田但下有薙氏除草此柞氏攻木兼云草者以攻木之處有
草兼攻之故云草也云林人所養者若林衡所掌者未必人所養此乃人所攻治以擬種殖故知此林麓
人所養治者也漆林之征亦此類也山足曰麓爾雅文林麓謂麓上有林者也此掌攻與下文爲目也夏日至令
刊陽木而火之冬日至令剥陰木而水之刊剥互言耳皆謂斫去次地之皮生山南爲陽木生山北爲陰木火之水之則使其肄不生○刊苦干反去起吕反肄以四反
疏夏日至水之○釋曰夏日至謂五月夏至之日爲之也令刊陽木而火之謂先刊削以去其皮乃燒之冬日至謂十
一月冬至之日爲之剥陰木而水之亦謂剥去其皮乃水此文與下文相兼乃足也必以夏刊陽木冬剥陰木者夏
至之日則陰生冬至陽生陽木得陰而鼓陰木得陽而發故須其時而刊剥之也山虞取其堅刃冬斬陽夏斬陰此欲死
之故夏陽木冬陰木○注刊剥至不生○釋曰云刊剥互言耳者謂削之亦剥之剥謂剥去其皮亦削之故云互也云生
山南爲陽木生山北爲陰木者爾雅云山南曰陽山北曰陰云火之水之則使
其肄不生者斬而復生曰肄若以水火斬而不復重生故云使其肄不生也若欲其化也則春秋變其水火
化猶生也謂時以種穀也變其水火者乃所火則水之所水則火之則其土和美疏注化猶至和美○釋曰此覆釋上文此刊木正欲種田生穀故云若欲使前刊木分穀之時則當以春秋變其水火也變之者前文云夏日至刊陽
木火之者至秋以水漬之前冬日至剥陰木以水之者至後春以火燒之如此則地和美也凡攻木者掌其政令除木有時疏注除木有時○釋曰凡國家有欲攻木者皆來取柞氏政令所以取
政令者除木有時如上冬夏者也

掌炭人掌灰物炭物，此掌之農所出

掌炭下士二人史二人徒二十人【疏】掌炭○釋曰案其職掌灰物炭物之徵令以時入之以其徵斂之官故亦在此

掌炭掌灰物炭物之徵令以時入之灰炭皆山澤之農所出也灰給澣練炭之所共多【疏】注灰炭至所出○釋曰灰炭既出山澤不云徵于山澤之農者義可知經略而不言也以權量受之以共邦之用凡灰炭之事（廿五）

掌茶

掌茶下士二人府一人史一人徒二十人茶茅莠○茶音徒徐音餘莠劉音酉毛詩注作秀疏注茶茅莠○釋曰案其職云掌以時聚茶以共喪事徵野疏材以其徵斂之官故亦在此

掌茶掌以時聚茶以共喪事共喪事者以著物也既夕禮曰茵著用茶疏注共喪至用茶○釋曰云共喪事者以著物也者即引既夕禮茵著用茶是也案既夕禮爲茵之法用緇翦布謂淺黑色之布各一幅合縫著以茶柩未入壙之時先陳於棺下縮二於下橫三於上乃下棺於茵上是也徵野疏材之物以待邦事凡畜聚之物茶茅莠疏材之類也因使掌焉徵者徵於山澤入於委人○畜勑六反莠音秀劉音酉疏注茶茅至委人○釋曰知掌茶所徵入委人者以其委人掌斂野之賦凡疏材木材所斂者衆故知此掌茶所徵亦入委人也

林

山虞每大山中士四人下士八人府二人史四人胥八人徒八十人中山下士六人史二人胥六人徒六十人小山下士二人史一人徒二十人虞度也度知山之大小及所生者○度徒洛反下同 疏 山虞至十人○釋曰山虞在此者案其職云掌山林之政令物爲之厲而爲之守禁山林亦是土地之事在此宜也○注虞度也至生者○釋曰言度知山之大小者但山之大小里數雖曰無文據當時量度知其大小然後設官分職使掌之經文有中山鄭唯言大小者略言之耳云及所生者山中所出金玉錫石禽獸草木或有或無是也

山虞掌山林之政令物爲之厲而爲之守禁物爲之厲每物有藩界也爲之守禁爲守者設禁令也守者謂其地之民占伐林木者也鄭司農云厲遮列守之○爲守者于僞反下爲久同 疏 山虞掌至守禁○釋曰案下文林自有衡官掌之今山虞兼云林者彼林是竹木生平地者林衡掌之此山林并云者自是山內之林即山虞兼掌之○注物爲至守之○釋曰但山內林木金玉錫石禽獸所有不同每物各有藩界設禁亦不同云守者謂其地之民占伐林木者也者案下澤虞職云使其地之人守其財物以時入之于玉府頒其餘于萬民彼是其地之民占取澤物者守之明此山虞所守亦然是以此下文亦令萬民時斬材有期日明是守山林之人也仲冬斬陽木仲夏斬陰木鄭司農云陽木春夏生者陰木秋冬生者若松柏之屬玄謂陽木生山南者陰木生山北者冬斬陽夏斬陰堅濡調○濡戚如兖反又音柔 疏

山虞

竹木生平地曰林衡掌之 山麓之屬山虞掌

陽木陰木

毀山林

山虞与田獵

注鄭司至濡調○釋曰先鄭云陽木春夏生者陰木秋冬生者若松栢之屬後鄭不從以爲山南爲陽木北爲陰木者案月令十一月日短至伐木取竹箭竹箭秋冬生不用仲夏斬之故知先鄭之義非也

凡服耜斬季材以時入之季猶穉也服與耜宜用穉材尚柔忍也服牝服車之材○忍音刃

疏凡服至入之○釋曰服謂牝服即車平較皆有鑿孔以較子貫之故謂之牝服也耜謂耒耜隨曲長六尺六寸車人所造者二木皆須堅刃故斬季材少木爲之云時入者以其須堅故須依上文仲冬仲夏之時也

令萬民時斬材有期日時斬材斬材之時也有期日入出有日數爲久盡物

疏令萬至期日○釋曰案禮記王制云草木零落然後入山林彼據萬民伐木之時謂十月之中此云萬民時斬材亦謂十月時○注時至盡物○釋曰鄭云時斬材斬材之時也者正在十月也云有期日入出有日數爲久盡物者經直云有期日鄭云有日數蓋當有日數多少但無文不知幾日爲限也

凡邦工入山林而掄材不禁掄猶擇也不禁者山林國之有不拘日也○掄魯門反又音倫拘音俱本亦作佝音同

疏凡邦至不禁○釋曰上文云仲冬斬陽木仲夏斬陰木彼據堅刃之極時但國家須材不要在仲冬仲夏故此邦工入山林不禁又不言時節須即取足之故也○注掄猶至日也○釋曰此對萬民不得非時入入又有日數

春秋之斬木不入禁非冬夏之時不得入所禁之中斬木也斬四野之木可

疏注非冬至木可○釋曰上經云邦工入山林不禁此又云春秋之斬木不入禁與上違者上文據國家使工取擇木故非冬夏亦得入山林此據萬民取木故十月入山春秋之斬木不入禁故鄭云斬四野之木可雖斬四野木至於三月不得伐桑柘故月令季春云無伐桑柘彼注愛蠶食也

凡竊木者有刑罰竊盜也

疏凡竊至刑罰○釋曰此謂非萬民入山之時而民盜山林之木與之以刑罰

若祭山林則爲主而脩除且蹕爲主主辨護之也脩除治道路場壇○壇徒丹反或音禪

疏若祭至且蹕○釋曰此山林在畿內王國四方各依四時而祭云則爲主者謂主當祭事者也而脩除者謂掃除糞灑云且蹕者且復蹕止行人也○注爲主至場壇○釋曰云爲主主辨護之也者案中候握河紀堯受河圖云帝立壇磬折西向禹進迎舜契陪位稷辨護注云辨護者供時用相禮儀則此云辨護者亦謂共時用相禮儀者也云脩除治道路場壇者案守祧職云其廟則有司脩除之鄭云有司恒主脩除謂掃除糞灑場謂墠即除地之處壇神位之所也

若大田獵則萊山田之野及弊田植虞旗于中致禽而珥焉萊除其草萊也弊田田者止也植猶樹也田止樹旗令獲者皆致其禽而校其耳以知獲數也山虞有旗以其主山得畫熊虎其仞數則短也鄭司農云珥者取禽左耳以效功也大司馬職曰獲者取左耳○植時力反又音值珥如志反又音耳

疏若大至珥焉○釋曰言大田獵者謂王親行若田在山則山虞芟萊草木於可陳之處故云萊山田之野又及弊田植虞旗于中使民得禽牲者望見之致禽於其所而珥焉珥當爲䶣䶣謂輸禽者割取左耳以效功也○注萊除至左耳○釋曰云萊除其草萊也者謂於防南擬教戰之處芟去草萊南北二百五十步東西步數未聞廣狹可容六軍三三而居一偏耳云山虞有旗以其主山得畫熊虎其仞數則短也者案司常云師都建旗大士建物此山虞是士不建物而建旗者以其主山山多熊虎故得有旗禮緯旌旗之杠天子九仞諸侯七仞大夫五仞士三仞若軍吏是卿大夫則杠長五仞今山虞是士雖有熊虎爲旗仞數則短宜三仞必取左耳者以其聽鄉任左故皆取左耳也

林衡

林衡每大林麓下士十有二人史四人胥十有二人徒百有二十人中林麓如中山之虞

小林麓如小山之虞衡平也平林麓之大小及所生者竹木生平地曰林山足曰麓。麓本亦作禁音鹿 疏 林衡至小山之虞。釋曰云大林麓下士十有二人者案上山虞中士四人下士八人相併亦十二人但山虞尊使中士爲官首下士爲之佐此林衡下士自爲官首胥徒多於山虞者以其林麓在平地盜竊林木多者故須巡行者衆以是胥徒特多也中林麓如中山之虞小林麓如小山之虞胥徒不多者以其大林麓據特大者故胥徒特多中小已下自如尋常法故如山虞自此已下至澤虞皆是地事故在地官。注衡平也至曰麓。釋曰云衡平也平林麓之大小者經有中林麓鄭不言者亦略言也云竹木生平地曰林者對山中之林自是山虞掌此別言林衡故知竹木生平地者云山足曰麓者爾雅文山足亦有林木與山虞別官

十三經注疏 周禮九 地官司徒 四

林衡掌巡林麓之禁令而平其守平其守者平其地之民守林麓之部分。麓音鹿分扶問反下同 疏 林衡至其守。釋曰此林衡兼麓者以爾雅山足曰麓雖連於山山虞不掌以麓上有林故屬林衡也。注平其至部分。釋曰經直言平其守明不平其稅而平均其守而已故云平其地之民守林麓之部分謂部伍有多少遠近之分也以時計林麓而賞罰之計林麓者計其守之功也林麓蕃茂民不盜竊則有賞不則罰之。蕃扶袁反 疏 以時至罰之。釋曰此時考校而計林麓以行賞罰者林衡之官既平民之守護林麓而會計民有功者賞之損麓之財者罰之故注云不則罰之也若斬木材則受灋于山虞而掌其政令法萬民入出時日之期 疏 若斬至政令。釋曰上山虞官尊故設之是以此林衡若斬木材期於虞邊受焉。注法萬至之期。釋曰案山虞云仲冬仲夏及春秋是時之期號令萬民斬材有期日是日之期也（如る）

營宮室

丘木‖墓木（古者敬鬼神

天子之大夫祭祀賦斂邑民出牲曰犧賦

○君子將營宮室宗廟爲先廄庫爲次居室爲後重先祖及國之用○廄九又反○凡家造祭器爲先犧賦爲次養器爲後大夫稱家謂家始造事犧賦以稅出牲○凡家造才早反一本作凡家造器器衍字犧許宜反養羊尚反一如字無田祿者不設祭器有田祿者先爲祭服祭器可假祭服宜自有君子雖貧不粥祭器雖寒不衣祭服爲宮室不斬於丘木廣敬鬼神也粥賣也丘壟也○粥音育衣於既反

【疏】凡家至丘木○正義曰此一節總論大夫所造祭器衣服并明祭器所寄之事各依文解之○凡家造謂大夫始造家事也大夫爲家○祭器爲先者崇敬祖禰故在先犧賦爲次者諸侯大夫少牢此言犧謂牛即是天子之大夫祭所賦斂邑民供出牲牢故曰犧賦○養器爲後者養器供養人之飲食器也自贍爲私宜後造然諸侯言宗廟大夫言祭器諸侯言廟庫居室大夫言犧賦養器者互言也此據有地大夫故得造祭器若無田祿者但爲祭服耳其有地大夫祭器祭服俱造則先造祭服乃造祭器此言祭器爲先者對犧賦養器爲先其實在祭服之後○無田至祭服○鄭明得造祭器此明不得造者下民也若大夫及士有田祿者乃得造器猶不具唯天子大夫四命以上者得備具若諸侯大夫非四命無田祿則不得造故禮運云大夫聲樂皆具祭器不假非禮也據諸侯大夫言之也熊氏以禮運據天子大夫得造不得具非也○有田祿者先爲祭服者若有田祿雖得造器而先爲祭服後爲祭器耳所以然者緣人形參差衣服有大小不可假借故宜先造而祭器之品量同官可可以共有以其制同既可暫假故營之在後○

十三經注疏　禮記四　曲禮下　三二

令虞人入山木

是月也樹木方盛乃命虞人入山行木毋有斬伐為其未堅刃也○行下孟反

月令季夏

伐木取竹箭

〇日短至則伐木取竹箭此其堅成之極時

月令仲冬

竹木

左襄十八劉難士弱率諸侯之師焚申池之竹木

為梁之捕魚
一歲三時取魚唯夏不取

漁征

𢿁人掌以時𢿁爲梁月令季冬命漁師爲梁鄭司農云梁水偃也偃水爲關空以笱承其空詩曰敝笱在梁○偃於建反徐本作匽一返反空戚音孔下同疏𢿁人至爲梁○釋曰言以時𢿁爲梁者謂一歲三時取魚皆爲梁以時取之故云以時漁爲梁○注月令至在梁○釋曰案月令季冬云命漁師始魚天子親往此注云季冬命漁師爲梁文句不同者鄭以此經有梁字故於月令以義取之非是月令正文鄭司農梁水偃也偃水爲關空以笱承其空者謂偃水兩畔中央通水爲關孔笱者葦簿以簿承其關孔魚過者以簿承取之故詩云敝笱在梁彼齊詩云弊敗之笱在於魚梁其魚唯唯過者無制彼喻文姜與襄公淫通來往不制又魚麗詩云魚麗于罶鱨鯊注云罶曲梁寡婦之笱笱即曲簿也引之者證梁以笱爲之春獻王鮪王鮪鮪之大者月令季春薦鮪于寢廟○鮪位軌反疏春獻王鮪○釋曰謂季春三月春鮪新來言王鮪鮪之大者云獻者獻於廟之寢故鄭注引月令云薦鮪於寢廟取魚之法歲有五案月令孟春云獺祭魚此時得取矣一也季春云薦鮪於寢廟即此所引者二也又案鼈人云秋獻龜魚也王制云獺祭魚然後虞人入澤梁與孝經緯援神契云陰用事木葉落獺祭魚同時是十月取魚四也獺則春冬二時祭魚也案潛詩云季冬薦魚與月令季冬漁人始魚同五也是一歲三時五取魚唯夏不取案魯語云宣公夏濫於泗淵以其非時里革諫之乃止辨魚物爲鱻薨以共王膳羞鮮生也薨乾也○薨本又作槁苦老反疏辨魚至膳羞○釋曰此所共者共於膳夫以共王凡祭祀賓客喪紀共其魚之鱻薨凡𢿁者掌其政令凡𢿁征入于玉府鄭司農云漁征漁者之租稅漁人主收之入于玉府疏凡祭至玉府○釋曰云凡祭祀賓客喪紀共其魚之鱻薨者此所共者共內外饔以其膳夫即不掌祭祀之事云凡𢿁者掌其政令者凡取魚者所有政令皆漁人掌之以其御取之時節及遠所云凡漁征入于玉府者言漁征者謂近川澤之民於十月獺祭魚之時其民亦得取魚水族之類其中鬚骨之事堪飾器物者所有征稅漁人主收之送入于玉府以當邦賦也

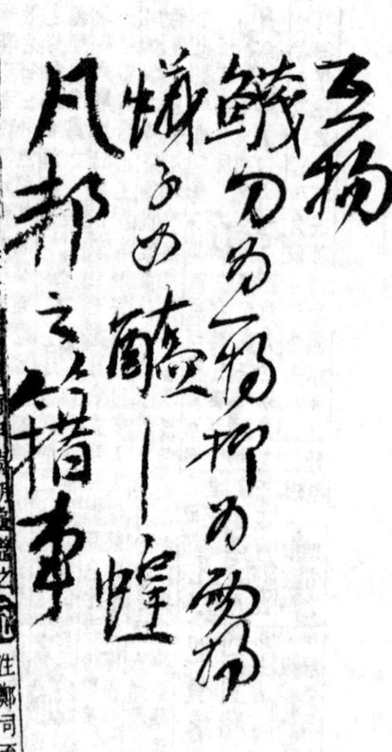

鼈人掌取互物鄭司農云互物謂有甲𦹗胡龜鼈之屬。互戶故反干云對也𦹗莫干反疏注鄭司至之屬。釋曰此文與下爲目所取之物者即下經所云是也以時簎魚鼈
龜蜃凡貍物蜃大蛤鄭司農云簎謂以杈刺泥中搏取之貍物龜鼈之屬自貍藏伏於泥中者玄謂貍物亦謂鱴刀含漿之屬。簎戚劉角反劉倉伯反徐倉格反沈槍昔反簎莊子云冬則擉鼈於江擉音又角反義與
此同今從彼讀蜃上軫反干云鮹類貍莫皆反杈音义春獻鼈蜃秋獻龜魚此其出在淺處可得之時魚亦謂自貍藏疏以時至龜魚。釋曰言以時者即下經春獻鼈蜃共然簎魚鼈據所取下
經據所獻其時一也。注蜃大至之屬。釋曰蜃大蛤者即月令云雉入大水化爲蜃者是也對雀入大水化爲蛤爲小蛤鄭司農云簎謂以杈刺泥中搏取之者司農意以簎爲刺此經魚鼈龜蜃皆在泥中水中故以杈刺取之貍物龜鼈之
屬者案經龜鼈自顯別言貍物司農貍物中更言龜鼈者但經或所言貍物者揔龜鼈之等故司農重以龜鼈爲貍物玄
謂貍物亦謂鱴刀含漿之屬者案爾雅刀魚。鱴刀也蜯含漿觀此鄭意鱴刀爲一物蜯爲含漿亦一物孫氏注爾雅刀魚
與鱴別非鄭意。注此其至貍藏。釋曰鄭云魚亦謂自貍藏者若不自貍藏則在上漁人取之矣故知此魚與龜鼈是自貍藏者也祭祀共蠯蠃蚳以授醢人蠃螔蝓鄭司農云蠯蛤也杜子
春云蠯蜯也蚳蛾子國語曰蟲舍蚳蝝。蠯薄佳反徐又父幸反蠃即戈反蚳直其反徐長黎反蚍蜉子螔音夷又音移蝓音由又音榆蜯字又作蚌蒲項反又蒲杏反蛾宜綺反舍音捨蝝悦全反字林允絹反疏祭祀至醢人。釋曰
案醢人有蠯醢蠃醢蚳醢故以此三者授醢人。注蠃螔至蚳蝝。釋曰蠃螔蝓者一物兩名司農云蠯蜯也者蜯即蛤亦一物云蚳蛾子者謂蟻之子取白者以爲醢國語曰蟲舍蚳蝝者此亦是國語諫宣公之言謂夏蟲
內捨去蚳蝝蚳此經蚳也蝝謂蝗也與蚳別連引之也掌凡邦之簎事

萍氏下士二人徒八人鄭司農云萍讀爲蛢或爲萍號起雨之萍玄謂今天問萍號作蓱爾雅曰萍蓱其大者蘋讀如小子言平之平萍氏主水禁萍之草無根而浮取名於其不沈溺。萍音平又蒲丁反蛢蒲丁反爾雅云蛂黃蛢萍號蒲丁反萍蓱上音平

疏萍氏。釋曰按其職云掌國之水禁亦是禁戒之事故在此也注鄭司至沈溺。釋曰先鄭讀萍爲蛢取音同云或爲萍號起雨之萍者亦天問之文萍亦浮萍之草也玄謂今天問者離騷有天問篇天不可問故以天問爲名此就足先鄭音義同引爾雅萍蓱其大者蘋者此以義相曉也云讀如小子言平之平者俗讀取音同皆取萍水草無根而浮不沈禁人使不沈溺如萍也

萍氏掌國之水禁水禁謂水中害人之處及入水捕魚鱉不時。捕音步

疏注水禁至不時。釋曰水中害人之處或有深泉洪波沙埀水弩云捕魚鱉不時者案月令春秋及冬取魚夏不合取魚夏取則不時故云不時皆禁之也

幾酒苛察沽買過多及非時者。苛音何又呼何反沽音姑又音故買如字一本作賣

疏幾酒。釋曰萍氏幾酒者酒亦水之類故也不得非時時謂若酒誥惟祀茲酒又鄉飲酒及昏娶爲酒食以召鄉黨僚友是其時也

謹酒使民節用酒也書酒誥曰有政有事無彝酒

疏謹酒。釋曰此戒謹慎於酒故引酒誥有政之大事之小目彝常也不得常飲明如上文合飲時乃飲也

禁川游者備波洋卒至沈溺也。洋音翔又音羊卒寸忽反

疏禁川游者。釋曰游謂浮游不乘橋船恐溺故禁之也

森林

桓公問管子曰民飢而無食寒而無衣應聲之正無以給上室屋漏而不居牆垣壞而不築為之柰何管子對曰沐涂樹之枝也桓公曰諾令謂左右伯沐涂樹之枝左右伯受沐涂樹之枝闊其年民被白布清中而濁應聲之正有以給上室屋漏者得居牆垣壞者得築公召管子問曰此何故也管子對曰齊者夷萊之國也一樹而百乘息其下者以其不捎也衆鳥居其上丁壯者胡丸操彈居其下終日不歸父老柎枝而論終日不歸歸市亦惰倪終日不歸今吾沐涂樹之枝日中無尺寸之陰出入者長時行者疾走父老歸而治生丁壯者歸而薄業彼臣歸其三不歸此以鄉不資也

桓公問於管子曰萊莒與柴田相并為之柰何管子對曰萊莒之山生柴君其率

147

囿人中士四人下士八人府二人胥八人徒八十人。囿今之苑○囿音又疏囿人至十人○釋曰案其職云掌囿游之獸禁囿是地之用故在此注囿今之苑○釋曰此據漢法以況古古謂之囿漢家謂之苑

囿人掌囿游之獸禁囿游囿之離宮小苑觀處也養獸以宴樂視之禁者其蕃衛也鄭司農云囿游之獸游牧之獸○觀古亂反樂音洛疏注囿遊至之獸○釋曰鄭云囿游囿之離宮小苑觀處也者案孟子文王之囿七十里芻蕘者往焉天子之囿百里並是田獵之處又書傳云鄉之取於囿是勇力取今之取於澤是揖讓取是爲蒐狩之常處也今此云禁故知非大囿是小苑觀處也云禁者其蕃衛也者即非守門者也其守門則墨者故閽人云王宮每門四人囿游亦如之鄭云墨者使守門是也言離宮者謂於王宮之外於苑中離別爲官故名離宮以宮外爲客館亦名離宮也先鄭云囿游之獸游牧之獸者此與後鄭義異謂獸之游非人游觀引之在下亦得爲一義故也牧百獸備養衆物也今掖庭有鳥獸自熊虎孔雀至於狐狸鳧鶴備焉。鶴戶各反又作鸛古亂反疏牧百獸○釋曰此於小囿中牧養百獸言百者舉成數而言雖以百獸爲主其中亦有飛鳥故鄭注引漢之掖庭有鳥獸自熊虎孔雀至於狐狸鳧鶴備焉爲證也祭祀喪紀賓客共其生獸死獸之物

角人徵齒角凡骨物於山澤之農

角人下士二人府一人徒八人疏角人。○釋曰案其職云掌以時徵齒角凡骨物於山澤之農以其是徵斂之官故亦在此

角人掌以時徵齒角凡骨物於山澤之農以當邦賦之政令山澤出齒角骨物大者犀象其小者麋鹿疏角人至政令○釋曰角人止應徵角物兼言齒骨者以其齒骨並是角類以細小之事因類兼掌之云以當邦賦者言農則皆有夫田出稅今以此農近山澤山澤有此骨角及齒此三者國之所須故使以時入採而稅之以當地稅民益國之事者自此已上皆不言以當邦賦者皆文不具舉此一事餘可知並是省文之義也○注山澤至麋鹿○釋曰鄭言齒角骨物者欲見不言川林直言山澤以其不出川林故特言山澤也云大者犀象其小者麋鹿者無正文鄭以意目驗而知之犀牛有角而象有牙是其大者也月令十一月麋角解五月鹿角解是其小者也以度量受之以共財用骨入漆浣者受之以量其餘以度度所中○浣戶翫反度度上如字下待洛反

羽人下士二人府一人徒八人疏羽人○釋曰案其職云掌以時徵羽翮之政于山澤之農亦是徵斂之官故在此

羽人掌以時徵羽翮之政于山澤之農以當邦賦之政令翮羽本○翮戶革反疏羽人至政令○釋曰此羽人所徵羽者當入於鍾氏染以爲后之車飾及旌旗之屬也

凡受羽十羽爲審百羽爲摶十摶爲縛審摶縛羽數束名也爾雅曰一羽謂之箴十羽謂之縛百羽謂之緷其名音相近也一羽。有名蓋失之矣○摶除轉反注同劉徒端反縛劉古本反沈除轉反箴之林反緷古本反劉音渾一音戶本反李又基遠反近附近之近疏注審摶至之矣○釋曰鄭引爾雅訖乃云名音相近也一羽。有名蓋失之矣者規爾雅誤意所以爾雅一羽則有名者只由一者十數之始十爲百數之始是名相近旣有十百故誤一羽遂有名也

服不氏一掌養猛獸

服不氏下士一人徒四人服不服不服之獸者【疏】注服不至獸者釋曰在此者以其服不服之獸象王者伐叛柔服之義故在此也

服不氏掌養猛獸而教擾之猛獸虎豹熊羆之屬擾馴也教習使之馴服王者之教無不服○擾而小反劉音饒羆彼皮反馴似遵反一音胥【疏】注猛獸至不服○釋曰猛獸云之屬者兼有豺狼貔貅之等故云之屬教馴之象天下皆服王者之教無服故也

凡祭祀共猛獸謂中膳羞者獸人冬獻狼春秋傳曰熊蹯不熟○蹯音煩掌也【疏】注謂中至不熟○釋曰上云養猛獸則猛獸皆養之此言祭祀所共據堪食者故鄭云謂中膳羞中膳羞唯有熊狼故引獸人與春秋為證按內則亦云狼臅膏可食也春秋傳者宣公二年晉靈公之時宰夫胹熊蹯不熟殺之趙盾諫之時也

賓客之事則抗皮鄭司農云謂賓客來朝聘布皮帛者服不氏主舉藏之抗讀為亢其讎之亢玄謂抗者若聘禮曰有司二人舉皮以東○抗注亢同苦浪反劉公郎反【疏】注鄭司至以東○釋曰朝聘布皮帛者按聘禮行享禮之時皮帛布於庭使服不氏舉皮以東抗即舉也故引為證也讀為亢其讎之亢者讀從僖二十八年城濮之戰子犯云背惠食言以亢其讎引之者取亢舉之義也後鄭引聘禮者增成先鄭義二人者即服不氏也

射則贊張侯以旌居乏而待獲贊佐也大射禮曰命量人巾車張三侯杜子春云待當為持書亦或為持乏讀為匱乏之乏持獲者所蔽玄謂待獲待射者中舉旌以獲○巾如字劉居令反中丁仲反【疏】注贊佐至以獲○釋曰引大射者證服不氏佐量人巾車張侯之事後鄭云待獲待射者中舉旌以獲者以獲則大射禮唱獲者居乏中中則舉旌以宮下旌以商者是也故不從子春待為持也

山師中士二人下士四人府二人史四人胥四人徒四十人　疏　山師○釋曰在此者按其職云掌山林之名辨其物與其利害而頒之于邦國使致其珍異之物按王制云名山大澤不以封故天子立山師以遥掌之使貢故與職方亦連類在此也

川師中士二人下士四人府二人史四人胥四人徒四十人　疏　川師○釋曰在此者按其職與山師同故亦連類在此

邍師中士四人下士八人府四人史八人胥八人徒八十人　邍地之廣平者○邍音原　疏　注邍地之廣平者○釋曰在此者按其職云掌四方之地名辨其丘陵墳衍原隰之名故連類在此也注云邍地之廣平者爾雅文也

山師掌山林之名辨其物與其利害而頒之于邦國使致其珍異之物　山林之名與物若岱畎絲枲嶧陽孤桐矣利其中人用者害毒物及螫噬之蟲獸○畎古犬反劉孤茗反又孤善反嶧音亦螫音釋劉呼洛反噬音逝　疏　山師至之物○釋曰此山師及下川師原師等皆是遥掌畿外邦國之內山川原隰之等使出稅珍異以供王家也○注山林至蟲獸○釋曰按禹貢青州云岱畎絲枲畎谷也岱山之谷有之徐州云嶧陽孤桐孤特也嶧山之陽特生之桐中爲琴瑟云害毒物及螫噬之蟲者謂蚖蛇蝮蝎之屬也岱畎嶧陽是其名絲枲孤桐是其物也

川師掌川澤之名辨其物與其利害而頒之于邦國使致其珍異之物　川澤之民與物若泗濱浮磬淮夷蠙珠暨魚澤之萑蒲○蠙薄田反劉扶忍反沈音嬪暨其器反又其氣反萑音丸　疏　注川澤至萑蒲○釋曰徐州云泗濱浮磬淮夷蠙珠暨魚注云泗水涯水中見石可以爲磬蠙珠珠名淮夷二水出蠙珠爲與美魚

邍師掌四方之地名辨其丘陵墳衍邍隰之名　地名謂東原大陸之屬○墳扶云反　疏　邍師至之名○釋曰爾雅釋地高平曰原此雖以原爲主除山林川澤四者餘丘陵墳衍原隰六者皆主之故云辨其丘陵已下也按鄭注大司徒云土之高者曰丘大阜曰陵水涯曰墳下平曰衍高平曰原平濕曰隰皆有名○注地名至之屬○釋曰尚書禹貢有東原底平大陸既作是地名也

物之可以封邑者　物之謂相其土地可以居民立邑○相息亮反　疏　注物之至立邑○釋曰按小司徒云四井爲邑據田中千室之邑據城二者皆須其物色善惡然後封民

鹽鐵

盬

唯河東池鹽名盬餘鹽不名盬

左成六沃饒而近盬疏

桓公問於管子曰今亦可以行此乎管子對曰可夫楚有汝漢之金齊有渠展之鹽燕有遼東之煮此三者亦可以當武王之數十口之家十人咶鹽百口之家百人咶鹽凡食鹽之數一月丈夫五升少半婦人三升少半嬰兒二升少半鹽之重升加分耗而釜五十升加一耗而釜百升加十耗而釜千君伐菹薪煑泲水為鹽

正而積之三萬鍾至陽春請籍於時桓公曰何謂籍於時管子曰陽春農事方作令民毋得築垣牆毋得繕冢墓丈夫毋得治宮室毋得立臺榭北海之衆毋得聚庸而煑鹽然鹽之賈必四什倍君以四什之賈修河濟之流南輸梁趙宋衛濮陽惡食無鹽則腫守圉之本其用鹽獨重君伐菹薪煑泲水以籍於天下然則天下不減矣

桓公曰。衡謂寡人曰。一農之事。必有一耜一銚一鎌一鎒一椎一銍。然後成為農。一車必有一斤一鋸一釭一鑽一鑿一銶（奇休切，鑿屬）一軻。然後成為車。一女必有一刀一錐一箴一鉥（時橘切，長針也）。然後成為女。請以令斷山木。鼓山鐵。是可以毋籍而用足。管子對曰。不可。今發徒隸而作之。則逃亡而不守。發民則下疾怨上。邊竟有兵。則懷宿怨而不戰。未見山鐵之利而内敗矣。故善者不如與民量其重。計其贏。民得其十。君得其三。有襍之以輕重。守之以高下。若此則民疾作而為上虜矣。

鹽之政令

苦鹽—盬鹽—顆鹽

散鹽

飴鹽—戎鹽—石鹽

鹽人掌鹽之政令以共百事之鹽 政令謂受入教所處置求者所當得 疏 注政令至當得○釋曰政令謂受入教所處置者謂四方鹽來鹽有數種處置不同故云受入教所處置也

祭祀共其苦鹽散鹽 杜子春讀苦為盬謂出鹽直用不湅治鄭司農云散鹽湅治者玄謂散鹽鬻水為鹽○苦音盬工戶反出注散悉但反下同湅音練下同齊才細反鬻音煮盬音古 疏 祭祀至散鹽○釋曰苦當為盬盬謂出於鹽池今之顆鹽是也散鹽煮水為之出於東海○注杜子至為盬○釋曰杜子春讀苦為盬者鹽鹹非苦故破苦為盬見今海傍出鹽之處謂之盬云直用不湅治者對下經鬻鹽是湅治者也鄭司農云散鹽湅治者下經自有鬻鹽是湅治故後鄭不從

賓客共其形鹽散鹽 形鹽鹽之似虎形 疏 注形鹽至虎形○釋曰此形鹽即左氏傳鹽虎形是也遵人已釋訖

王之膳羞共飴鹽后及世子亦如之 飴鹽鹽之恬者今戎鹽有焉 疏 飴鹽至有焉○釋曰言飴鹽故云鹽之恬者云今戎鹽有焉者即石鹽是也

凡齊事鬻鹽以待戒令 齊事和五味之事鬻鹽湅治之 疏 注齊事至治之○釋曰言齊事者謂若食醫春多酸夏多苦之類是也今湅治鹽以待戒令則齊和之

撿之

管子曰。陰王之國有三。而齊與在焉。桓公曰。此若言可得聞乎。管子對曰。楚有汝漢之黄金。而齊有渠展之鹽。燕有遼東之煮。此陰王之國也。且楚之有黄金。中齊

6/24

有薔石也。苟有操之不工。用之不善。天下倪而是耳。使夷吾得居楚之黄金。吾能令農毋耕而食。女毋織而衣。今齊有渠展之鹽（渠展齊地泲水所流入海之處可煮鹽之所也故曰渠展之鹽）請君伐菹薪（草枯曰菹采居反）煮沸水為鹽。正（音征）而積之。桓公曰諾。十月始正。至於正月。成鹽三萬六千鍾。召管子而問曰。安用此鹽而可。管子對曰。孟春既至。農事且起。大夫無得繕冢墓。理宮室。立臺榭。築牆垣。北海之衆無得聚庸（庸功也）而煮鹽（北海之衆謂北海煮鹽之人　本意禁人煮鹽託以農事慮有妨奪先自大夫起欲人不知其機斯為權術）若此則鹽必坐長而十倍。桓公曰善。行事奈何。管子對曰。請以令糶之梁趙宋衛濮陽。彼盡饋食之也。國無鹽則腫。守圉之國（本國自無鹽遠饋而食圉與禦同）用鹽獨甚。桓公曰諾。乃以令使糶之。得成金萬一千餘斤。桓公召管子而問曰。安用金而可。管子對曰。請以令使賀獻出正籍者必以金。金坐長而百倍。運金之重以衡萬物。盡歸於君。故此所謂用若挹於河海。若輸之給馬。此陰王之業。

青業國之

賓人 天子十二 諸侯六 關

乃謁關人謁告也古者竟上爲關以識異服識異言疏乃謁關人○注謁告至異言○釋曰古者境上爲關者王城十二門則亦通十二辰辰有一門一關諸侯未知幾關魯廢六關半天子則餘諸侯亦或然也云關識異言案王制云關識而不征注亦云幾幾異服異言二注皆無正文案周禮司門云幾出入不物者注云不物衣服視占不與衆同鄭以出入不物幾之則不物中含有此異服異言云衣服視占不與衆同則是異也但周禮司關上士二人中士四人又云每關下士二人但司關爲都摠主十二關居在國都每關下士二人者各主一關今所謂關人者謂告每關關人來告司關司關爲之告王故司關職云凡四方之賓客叩關則爲之告是也

（聘禮疏引九）

有圭璧金璋

不粥於市命服命車不粥於市宗廟之器不粥於市犧牲不粥於市戎器不粥於市尊物非民所宜有戎器軍器也粥賣也○璋之羊反用器不中度不粥於市兵車不中度不粥於市布帛精麤不中數幅廣狹不中量不粥於市姦色亂正色不粥於市凡以其不可用也用器弓矢耒耜飲食器也度丈尺也數升縷多少○中丁仲反下皆同幅方服反耒耜上力對反下音似錦文珠玉成器不粥於市衣服飲食不粥於市不示民以奢與貪也成猶善也五穀不時果實未孰不粥於市物未成不利人木不中伐不粥於市伐之非時不中用周禮仲冬斬陽木仲夏斬陰木○夏戶嫁反下春夏同禽獸魚鼈不中殺不粥於市殺之非時不中用月令季冬始漁周禮春獻鼈蜃○蜃常忍反雉化爲之關執禁以譏禁異服識異言關竟上門譏呵察○竟音境苛音何又呼河反本亦作呵

○注尊物至賣也○正義曰言圭璧金璋及犧牲戎器皆是尊貴所合蓄之物非民所宜有防民之僭僞也軍器防民之賊亂也○注凡以至多少○正義曰此經之物若其合法度則得粥之其不合法度者則不得粥也○布帛精麤者若朝服之布十五升斬衰三升齊衰四升之類是也○廣狹者布廣二尺二寸帛則未聞鄭注周禮引逸巡守禮幅廣四尺八寸爲尺鄭注四當爲三則帛廣三尺四寸用器弓矢耒耜飲食器者既夕禮文既夕敦杅之屬即飲食器也○注不示至貪也○正義曰錦文珠玉成器衣服等不粥者不示民以奢飲食不粥者不示民以貪此衣服飲食與珠玉連文據華美者不得粥之恐民貪若尋常飲食則得粥之不得羣聚耳故周禮司虣云禁屬遊飲食于市者是也前經圭璧金璋之等是貴者之器故注云非民所宜有謂全不合有以其名位卑故也此錦文珠玉等是華麗之物富人合有但不得聚之過多故云不粥於市不示民以奢也前文圭璧金璋各是一物即考工記金飾章也皇氏以爲用金爲印璋按定本璋字從玉圭璧之類也且周時稱印曰璽未有稱璋皇氏之義非也○注周禮至陰木○正義曰此周禮山虞文鄭注云陽木生山南者陰木生山北者冬斬陽夏斬陰堅濡調○關執禁以譏禁異服識異言司關之官執此戒禁之書以譏察出入之人故云執禁以譏禁此身著異服之人又記識口爲異言之人防姦僞察非違

十三經注疏　禮記十三　王制　九

商稅

市租

歸反坫【正義】三歸，三姓女也。婦人謂嫁曰歸。齊人不以爲侈。管仲卒，齊國遵其政，常彊於諸侯。【正義】括地志云：管仲冢在青州臨淄縣南二十一里牛山之阿。說苑云：齊桓公使管仲治國，管仲對曰：賤不能臨貴。桓公以爲上卿，而國不治。曰：何故？管仲對曰：貧不能使富。桓公賜之齊市租，而國不治。桓公曰：何故？對曰：疏不能制近。桓公立以爲仲父，齊國大安，而遂霸天下。孔子曰：管仲之賢，而不得此三權者，亦不能使其君南面而稱伯。後百餘年而有晏子焉。

賦稅—商

偪介之關暴征其私 毁關 昭廿

謂不與共其國蓋非周禮歟又周官謂凡殺人而義者勿令勿讎則殺之而不義在邦法不可殺者必避之而已孟子曰古之爲關也將以禦暴今之爲關也將以爲暴古之爲關將以禦暴亂譏閉非常也今之爲關反以征稅出入之人將以爲暴虐之道也疏正義曰此章言修理關梁譏而不征如以稅斂非其程式懼將爲暴故譏之也孟子言古之爲關譏而不稅將以禦暴亂非常之人而已今之爲關乃征稅而不譏將以爲暴亂之道也按周禮司關云凡四方之賓客叩關則爲之告有內外之送則以節傳出納之是以爲關將以禦暴也孟子之時司關征取其稅適所以爲暴此孟子所以有是言歟　孟子

百乘卒千人明年狄人伐衛衛君出致於虛（虛地名詩所謂升彼虛矣以望楚矣）桓公且封之隰朋賓胥無諫曰不可三國所以亡者絶以小（小國之亡理則然矣不當封也）今君斷封亡國國盡若何（國之車盡於封亡國其若之何）桓公問管仲曰奚若管仲曰君有行之名安得有其實（既有行封之名則當虛國而為之安得有其富實乎）君其行也公又問鮑叔鮑叔曰君行夷吾之言桓公築楚丘以封之與車三百乘甲五千既以封衛明年桓公問管仲將何行（更問以所行之政也）管仲對曰公內修政而勸民可以信於諸侯矣君許諾乃輕稅弛關市之征為賦祿之制三（乘車之會謂結好息民之會也）饗國四十有二年桓公踐位十九年弛關市之征（征賦也）五十而

取一（取其貨賄五十之一）賦祿以粟案田而稅（案知其壤塉而稅之）二歲而稅一（率二歲而一稅之）上年什取三中年什取二下年什取一歲飢不稅（歲飢謂時稅總飢故不稅）歲飢弛而稅（此稅飢謂有飢者有不飢者故）

異日

公告管仲曰欲以諸侯之閒無事也小修兵革管仲曰不可百姓病公先與百姓而藏其兵百姓困病當先賦與之而兵事且可藏與其厚於兵不如厚於人人厚兵自強齊國之社稷未定公未始於人而始於兵外不親於諸侯內不親於民公曰諾政未能有行也二年桓公彌亂不盡行夷吾之言故彌亂又告管仲曰欲繕兵管仲又曰不可公不聽果為兵桓公與宋夫人飲船中夫人蕩船而懼公公怒出之宋受而嫁之蔡侯明年公怒告管仲曰欲伐宋管仲曰不可臣聞內政不修外舉事不濟公不聽果伐宋諸侯興兵而救宋大敗齊師公怒歸告管仲曰請修兵革吾士不練吾兵不實諸侯故敢救吾讎內修兵革管仲曰不可齊國危矣內奪民用士勸於勇外亂之本也修兵則用費故曰奪人用士所勸者唯勇則輕敵故為外亂之本也外犯諸侯民多怨也外犯必多殘害故為人所怨為義之士不入齊國為君為不義故義士不歸也安得無危鮑叔曰公必用夷吾之言公不聽乃令四封之內修兵關市之政侈之侈謂過常也謂重其稅賦公乃遂用以勇授祿士勇則與之祿鮑叔謂管仲曰異日者公許

閭、市、之識

以管子事語篇若巷之言

又輕重丁篇閭市

而可證

丁 閭識不能市廓

晉書武帝紀咸寧元年二月。以將士應已娶者多，家有五女者給復。（三6下）

又太康元年，孫氏大將戰亡之家徙于壽陽，將吏度江復十年，百姓及百工復二十年。（三[illegible]）

又冬。十月丁巳。除五女復。（三9上）

又惠帝紀永安二年，方方決千金堨，水碓皆涸。乃發王公奴婢手舂給兵廩。一品已下不從征者，男子十三以上皆從役。又發奴助兵。號為四部司馬。（四5上）

又元帝紀太興三年秋。七月丁亥。詔曰……琅邪國人在此者，近有千户，今立為懷德縣，統丹陽郡。昔漢高祖以沛為湯沐邑，光

勤恤修畜牧優復之科。一依漢氏故事。（五上）

晉書成帝紀咸和六年正月戊午。以運漕不繼。發王公已下千餘

丁各運米六斛。（七下）

又穆帝紀升平三年三月甲辰。詔以比年出軍。糧運不繼。王公已

下。十三戶借一人一年助運。（八上）

又劉頌傳。除淮南相。……舊修芍陂。年用數萬人。豪彊兼并。孤貧

失業。頌使大小戮力。計功受分。百姓歌其平惠。（四六上）

又上疏。昔魏武帝分離天下。使人役居戶。各在一方。既事勢所須。

且意有曲權假一時。以赴所務。非正典也。然遂因此。至令積年。

未改。百姓雖不言其困。而私怨不生。誠以三方。未悉蕩滌。知時

未可以求安息者也。是以甘役如歸。視險若夷。至於吳平之日。
天下懷靜。而東南二方。六州郡兵。將士武吏。戍守江表。或給京
城運漕。父南子北。室家分離。咸更不寧。又不習水土。運役勤瘁。
並有死亡之患。勢不可久。此宜大見處分。以副人望。魏氏錯役。
亦應改舊。此二者各盡其理。然後黔首。感恩、懷德。謳吟樂生。必
十倍於今也。自董卓作亂。以至今。近出百年。四海勤瘁。丁難極
矣。六合渾并。始於今日。兆庶思寧。非虛望也。然古今異宜。所遇
不同。誠亦未可以希遵在昔。放馬息牛。然使受百役者不出其
門。必備待事其鄉。實在可為。縱復不得盡然。每之苟盡其理。可
靜三分之二。吏役可不出千里之內。但如斯而已。天下所蒙已

不營矣。（同上）

晉書刁協傳：以奴爲兵。取將吏客使轉運。皆協所建也。於是衆望去之。（卷六九）

又庾亮傳：子龢，升平中，代孔嚴爲丹陽尹。除重役六十餘事。（卷七三）

又范甯傳：求補豫章太守。……臨發上疏曰：……古者使人，歲不過三日。今之勞擾，殆無三日休停。至有殘形翦髮，要求復除，生兒不復舉養，鰥寡不敢妻娶。豈不怨結人鬼，感傷和氣。臣恐社稷之憂。積薪不足以爲喻。……宜不除戎役曰：……禮十九爲長殤，以其未成人也。十五爲中殤，以爲尚童幼也。今以十六爲全丁，則備成人之役矣。以十三爲半丁，所任非復童幼之事矣。

豈不傷天理。違經典。困苦萬姓。乃至此乎。今宜修禮文。以二十為全丁。十六至十九為半丁。則人無夭折。生長滋繁矣。（七五范）

晉書張闓傳：補晉陵內史。……所部四縣。並以旱失田。闓乃立曲阿新豐塘。溉田八百餘頃。每歲豐稔。……計用二十一萬一千四百二十功。（七六張）

又王羲之傳：……乃以為護軍將軍會稽內史。……然朝廷賦役繁重。吳會尤甚。羲之每上疏爭之。事多見從。又遺尚書僕射謝安書曰。……今事之大者未布。漕運是也。吾意望朝廷可申下定期。委之所司。勿復催下。但當歲終考其殿最。……自軍興以來。征役及充運。死亡叛散。不反者眾。虛耗至此。而補代循常。所在閭里。莫知所出。上命所差。上遂多數。則吏及收坐。席卷而去。又有常制。輒令其家及同伍課捕。〻〻不得。家及同伍課償。已數。百姓流亡。戶口日減。其居存者。又有百工醫寺。死亡絕沒。家戶空盡。差什無所。上命不絕。事起或十年十五年。彈舉獲罪。牽懈息。而無益實事。何以堪之。謂□自今諸死罪原輕者及五歲刑。可以充此。其減死者。可長充兵役。五歲者。可充雜工醫寺。皆令移其家以實其數。是〻〻既寬其政。〻〻本。又可繼其已數。不移其家。逃亡之〻益。寬於和取。今除罪而充雜役。是移其家。小人愚迷。或以爲重於殺戮。所以總戮。刑名雖輕。從當實重。豈非盡好之宜邪。

賦稅（力役）

晉書石季龍載記：鎮遠王擢表雍秦二州望族，自東徙已來，遂在
戍役之例，既衣冠華胄，宜蒙優免，從之。自是皇甫、胡、梁、韋、杜、牛、
辛等十有七姓，蠲其兵貫，一同舊族，隨才銓叙，思欲分還桑梓
者聽之。其非此等，不得為例。（一〇六卷）
又苻堅載記：復魏晉士籍，使役有常。（一一三卷）
宋書文帝紀：元嘉十一年三月……江陵平……下書曰：此州積
弊，事擔相仍，民疲田蕪，杼軸空匱。加以舊章乖昧，事役頻苦，童
耄奪養，老稚服戎，空戶從役，或越紼應召。……荆、雍二州西局
蠻府吏及軍人，年十二以還，六十以上，及扶養孤幼，單丁大艱，
悉仰遣之。窮獨不能存者，給其長賑。府州久勤將吏，依勞銓序。

（文紀）

宋書文帝紀元嘉廿七年十一月丁亥。詔曰。……從首之與。並及雜調。……（宋紀）

又孝武帝紀元嘉三十年六月。辛未。以皇帝藉役軍示。當在齋內。人身猶存者。普賜解戶。（宋紀）

又王弘傳。弘又上言。文帝時。舊制。民年十三半役。十六全役。當以十三以上。能自營私及公。故以充役。而考之見事。猶或未盡。體有強弱。不皆稱年。且在家自隨。力所能堪。不容過苦。移之公役。動有定科。循吏隱恤。可無其患。庸宰守常。已有勤劇。況值苛政。豈可稱言。乃有務在豐役。增進年齒。孤遠貧弱。其弊尤深。至今依

將無所生死窮苦。一身之切逋竄求免。家人遠討。胎孕不育。巧
避羅憲。實亦由之。……〔請以〕十五至十六。宜為半丁。十七為全丁。從之。
（同二七上 南史）

宋書劉敬宣傳……除……宣城內史襄城太守。宣城多山縣。郡
舊立屯。以供府郡費用。前人多發調工巧。造作器物。敬宣到郡。
悉罷私屯。唯伐竹木。治府舍而已。亡叛多首出。遂得三千餘戶。
（同七上）

又謝方明傳……轉會稽太守。……前後征伐。每兵運不充。悉倩士
庶。事既寧息。皆使還本。而屬所刻害。或即以補吏。守宰不明。與
奪乖錯。人事不至。必被抑塞。方明簡汰精當。各慎所宜。輕賦役

大穀。出一斛莒經。當土在今樟湖之。方頭西今稽孟(五三頁)郡和之嘉會

宋書沈懷文傳：上(孝武帝)又壞諸郡士族，以充將吏，並不服役，至悉逃亡。加以嚴制，不能禁。乃改用軍法，得便斬之。莫不奔竄山湖，聚為盜賊。懷文又以為言。(八六頁)

宋書孝義傳：嚴世期，元嘉四年，有司奏榜門曰：義行嚴氏之閭。復其身徭役，蠲租稅十年。(九一頁)

張進之，元嘉初，詔在所蠲其徭役。(九二頁)

宋書恩倖傳：大明中，又有奚顯度者……世祖常使主領人功，而苛虐無道，動加捶撲，暑雨寒雪，不聽暫休，人不堪命，或有自經死者。人役聞配顯度，如就刑戮……前廢帝嘗戲云：顯度刻虐。

為百姓所疾。比皆除之。左右因循謬。即日宣旨遣召。時人比之

孫皓稅參丞。（見九之上）

宋書之出勤傅於時勞丁役盡。名婦女配役。（指羲年時見九上）

又自序亮（林子子　子隱田子卞二）時營創城府。功課嚴促。亮又陳之（陳太祖世　祖時鎮歷陽亮以征虜參軍事）曰。經始城府。莫非造創。基築既廣。夫課又嚴。不計其

勞。苟務其速。以歲月之事。求不日之成。比見役人。未明上作。閉

鼓乃休。呼嗟既多。猶有不盡。至於息日。拘備闕限。方涉暑雨。

多有死病。頃日所承。亦頗有逃亡。竊惟此既內藩。事殊外鎮。撫

役之宜。每存早晚。若日少寬其工課。稍均其優劇。徒隸既者。易

以悅加。來其勞於功。廢闕無幾。……（百卌下）

齊書高帝紀：建元四年五月癸亥，詔曰：……建元以來，戰亡，賞蠲租布二十年，雜役十年。其不得收尸，主軍保押，亦同此例。（三孔）

又海陵王紀：延興元年十月，癸巳，詔曰：……頃尉討役，兼出車軺，徵吏民以應其數。公獲二旬，私累數朝。又廣陵年常遞出千人，以助淮戍。勞擾為煩，抑亦苞苴是育。今並可長停，別量所出。諸將使村長、路都、防城、直縣，為劇尤深，亦宜禁斷。（又記）

又王敬則傳：……為……會稽太守。……會土邊帶湖海，人丁無士庶，皆保塘役。敬則以功力有餘，悉評斂為錢，送臺庫以為便宜。上許之。（南史同，四五上）竟陵王子良啓曰：……塘丁所上，本不入官。良由陂湖宜壅，橋路須通，均夫訂直，民自為用。若甲分毀壞，則年一橋路。若乙限堅完，則終歲無役。今郡通課此直，悉以還臺。租賦之外，更生一調。致令塘路崩蕪。湖源泄散。害民損政，實此為劇。

（卅六 止）

南齊書十七王傳竟陵文宣王子良諸封租布二分取錢。子良又啟曰。……三吳奧區。地惟河輔。百度所資。罕不自出。宜在蠲優。使其全富。而守宰相繼。務在裒克。圍桑品屋。以准貲課。致令斬樹發瓦。以充重賦。破民財產。要利一時。東郡使民。年無常限。在所相承。准令上直。每至州臺使命。切求懸急。應充猥役。必由窮困。乃有畏失嚴期。自殘軀命。亦有斬絕手足。以避徭役。生育弗起。殆為恒事。……！

（四十 止）

齊書周顒傳：建元初，為……山陰令。縣舊訂滂民，以供雜役。顒言之於太守聞喜公子良曰：竊見滂民之困，困實極矣。役命有常。祇應轉竭，蹙迫驅催，莫安其所。險者或竄避山湖，困者自經溝瀆。亦有摧臂斲手，苟自殘落，販傭貼子，權赴急難，至滂使發動，遵赴常促。輒有柤杖被錄，稽顙階垂，泣涕告哀，不知所振……山陰邦治，事倍餘城。然略聞諸縣，亦處處皆躓。惟上虞以百戶一滂，大為優足。過此列城，不無潤轂。宜應且以舊數例刻。謂應更優，則稍量為功。以之何遠。

又顧憲之傳：永明六年，為……行會稽郡事。時西陵戍主杜元懿啟……西陵牛埭稅……浦陽南北津及柳浦四埭，乞為官領拔人家。……世祖勅示會稽郡。……憲之議曰。……山陰一縣，課戶二萬，其民貲不滿三千者，殆將居半。刻又刻之，猶且三分餘一。凡有貲者，多是士人復除。其貧極者，悉皆露戶役民。三五屬官，蓋惟分定。百端輸調，又則常然。比眾局檢校，首尾尋續。橫相質累者，亦復不少。一人被攝，十人相追，一緒裁萌，千蘖互起。蠶事弛而農業廢，賤取庸而貴舉責，應公贍私，日不暇給。……

（南齊四六　顧憲之傳）

又書倖臣傳呂文度：世祖鎮盆城，拒沈攸之。文度仍留伏事，知軍隊雜役，以此見親。（南齊五六）

梁書武帝紀大同七年十一月丙子，詔停在所役使女丁。（三卷）（梁書三）

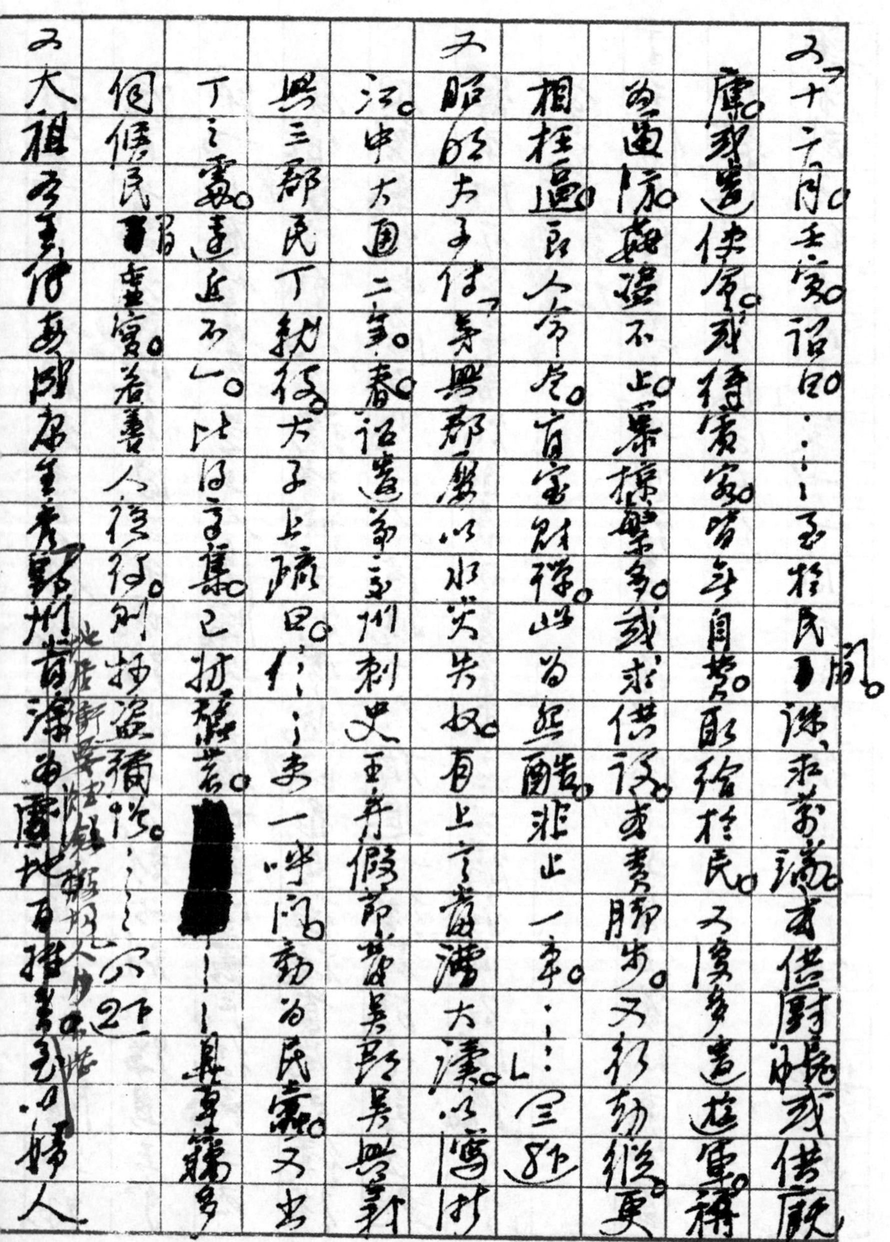

又十二月壬寅，詔曰：……至於民間誅求萬端，或供廚帳，或供廄
庫，或遣使命，或待賓客，皆無自費，取給於民。又復多遣游軍，稱
為遏防，姦盜不止，暴掠繁多，或求供設，或責脚步。又行劫縱，更
相枉逼，良人命盡，富室財殫。此為怨酷，非止一事……（三 8下）

又
昭明太子傳：吳興郡屢以水災失收，有上言當漕大瀆以瀉浙
江。中大通二年。春，詔遣前交州刺史王弁假節發吳郡、吳興、義
興三郡民丁就役。太子上疏曰：……吏一呼門，動為民蠹。又出
丁之處，遠近不一。比得齊集，已妨蠶農。[illegible]……[illegible]
[illegible]僱民[illegible]賓。若善人從役，則擾盜[illegible]……（六 2下）

又太祖五王傳：安成康王秀，郢州當塗為劇地，百姓貧，至以婦人

借經其暫為此。秀靈鎮。稱其記。時各郡主[?]多[?]更。秀曰。不

謂[?]至此。此所謂[?]而不可據也。稍善務在簡已。前者遊覽。百

姓安堵。隨因黃[?]益也。（卅二）

南史 [illegible]

梁書[?]陸[?]傳。陸襄[?]傳。[illegible]

月[?]所[?]出。不閑林[?]及以園[?]匠。皆[?]庭[?]借。以[?]其[?]事。（卅八）

又[?]后[?]來傳沈璡[?]西……[illegible]……有桑樹[?]百家。子[?]

[illegible]樣。唯[?]和[?]居[?]醬。存[?]自[?]栽[?]植。百[?]樣[?]皆[?]異[?]了。璡[?]其[?]若[?]爾[?]石[?]頭[?]質[?]

[illegible]。山[?]坊[?]福[?]驛[?]傳。皆[?]綻[?]淀[?]逕[?]路。自是[?]樓[?]右[?]廢[?]路。（五三七）

陳書高祖紀永定二年十月甲寅。太極殿成。匠各給復。（三七）

又世祖紀天嘉元年二月己亥。詔曰。自[?]頃[?]出[?]導[?]……[illegible]……軍[?]進[?]詔。王[?]琳[?]

舟艦輸積，權倩民丁。師出經時，役勞日久。今氣稍寥法。宜有甄

被。可蠲復丁夫妻三年。於役不幸者，復其妻子。（三2b）

陳書宣帝紀：太建二年八月……又詔曰：……軍七年登六十。悉

許放還。仍手授殘疾。及患疾不勞訂役（又2b）

又九年十月丙子，詔曰：……七年、八年叛義丁，至年訖，八年叛軍

丁。……皆悉原之。（又3b）

又十一年三月丁未，詔：淮北義人率戶口歸國者，建其本屬舊名。

置立郡縣，即隸近州。賜給田宅，唯訂一無所預。（又5b）

又後主紀：至德二年冬十月己酉，詔曰：……僮訂初下，使彊蔭[illegible]

兼出。或閭里首狗起，單弱重弊。……自太建十四年望訂相補

道未入也。並坐原除。（公函）

南史卷七梁紀，宋齊舊儀於蕃方放討解……又別旨遣孤仙求

蕃畜蕃三殿……募役工匠。自後遂廢……下揚南徐二州橋

桁塘埭丁。計功為直，斂取見錢，供太樂主衣雜費。由是所在塘

瀆，並皆隳廢。（公函）

又自永元以後，頹弊未復。緣以用難，揚南徐二州人丁，三人取兩，

以此為率。遠郡悉令上米準丁。一人五十斛，輸米既畢，就役如

故。又先是詔郡縣人多以人士為附隸，謂之屬名。又東境役苦，

百姓多注籍詐病，遂致雕虛。在所檢占諸屬名，並取病身。凡屬

名多不合役，止避小小假，並是役蔭之家。凡注病者，或已積年。

皆撫之收後，不追責。高祖世祖布隨其年歲多少，衛命之人，皆給貨餘，隨意經營。（五一10上）

南史梁宗室傳：鄱陽忠烈王恢子泰，……為譙州刺史，……遍至州，偏發藩人丁，使擔腰輿扇繖等物，不限士庶。恥為之者，重加杖責。多輸財者，即放免。於是人皆思亂。及侯景至，人無戰心，乃先覆敗。（五二6下）

又康絢傳：時魏降人王足陳計，求堰淮水以灌壽陽。……發徐揚人，率二十戶取五丁以築之。（五五10上）

又張纘傳：……為湘州刺史，……解放老疾吏役，及關市戍邏先所防人，一皆省併。（五六5上）

南史

郭祖深傳：輿櫬詣闕上書言事（帝時），略言：又梁興以來，發人征役，號為三五。（七十下）

又蕭勃傳：孫穎達常方略五事，發三五丁。（五三上）

又周奉叔傳：劉係宗上明侍下賕。雜役勤役，係宗啟適得在宗人丁，隨實之（虞寰西遷）地上從之。永明（七七6下）之中

宋書武帝紀：義熙八年十一月己卯，公至江陵，下書曰：……州郡縣丁，悉依為前定制從之寬。……巴陵均折，度支依舊兵運。（二）

南史

南史十本紀：宣帝下揚、南徐二州，桔槔塘埭丁，計功為直，斂取見錢，借古禁令禮樊，由是所在塘埭毀廢。（九上）

賦税力役

南史齊本紀明帝建武四年正月……庚辰，詔人産子者，蠲其父母調役一年。又賜米十斛。新婚者蠲夫役一年。（五3下）

南齊書明帝紀建武四年正月壬寅。詔民産子者，蠲其父母調役一年。又賜米十斛。新婚者蠲夫役一年。（六3下）

又東昏侯紀。下揚南徐二州橋桁塘埭丁，計功爲直。斂取見錢，供大樂主衣雜費。由是所在塘瀆，多有隳廢。（七3下）

賦稅 山澤

晋书元帝纪建武元年七月弛山澤之禁(六5上)

又安帝纪義熙九年夏。四月。……弛湖池之禁。(十6上)

又職官志名山大澤不以封。盐鐵金銀銅錫。始平之竹園。別都宮室園囿。皆不為屬國。(廿四上)

又劉弘傳舊制峴方二山澤中不聽百姓捕魚。弘下教曰。禮名山大澤不封。與共其利。今公私并兼。百姓無復厝手地。當何謂耶。速改此法。(六六21上)

又刁協傳刁氏素殷富。奴客縱橫。固吝山澤。為京口之蠹。(六九5下)

又甘卓傳遷……梁州刺史。……州境所有魚池。先恒責稅。卓不

按共利。皆給貧民。西土積自唐政。（廿七頁）

晉書王湛傳。子承遷東海太守。……小吏有盜池中魚者。綱紀推之。承曰。文王之囿。與眾共之。池魚復何足惜邪。（卅五頁）

郗族子嶠。王敦請為參軍。……敦初禁私伐蔡州荻。以問群下。時王師新敗。士庶震懼。莫敢異議。嶠獨曰。中原有菽。庶人采之。可推不異。況子異於是。若禁人樵伐者。未知其可。敦不悅。（廿一頁）

又石季龍載記。解西山之禁。蒲葦魚鹽。除歲供之外。皆無所固。公侯卿校。不得規占山澤。奪百姓之利。（卅四頁）

又慕容皝載記。記評樸貧窮。除園山澤。素推獵狩。榜錯為上陵。三軍莫有鬭志。（卅五頁）

雜税（山澤）

晉書苻堅載記：“每山澤之利，公私共之。”（十三，2上）

又姚興載記：“興以國用不足，增關津之稅，鹽竹山木，皆有賦焉。群臣咸諫。……興曰：……能踰關梁通利於山水者，皆豪富之家。吾損有餘以裨不足，有何不可。乃遂行之。”（十七，9上）

宋書武帝紀：“義熙九年，先是山湖川澤，皆為豪彊所專，小民薪采漁釣，皆責稅直。至是禁斷之。”（二，2上）南史一，6上

又文帝紀：“元嘉十七年十一月丁亥，詔曰：……山澤之利，猶或禁斷。”（五，7上）

又羊玄保傳：“兄子希。……大明初，為尚書左丞。時揚州刺史西陽王子尚上言：山湖之禁，雖有舊科，民人俗相因，替而不奉。熂山封

水。係自宋初。自頃以來。頹弛日甚。富強者兼嶺而占。貧弱者薪蘇無託。至漁採之地。亦又如茲。……有司檢壬辰詔書。占山護澤。強盜律論。贓一丈以上。皆棄市。希以壬辰之制。其禁嚴刻。事既難遵。理與時弛。而占山封水。漸染復滋。更相因仍。便成先業。一朝頓去。易致嗟怨。今更刊革。立制五條。凡是山澤。先常熂爈種養竹木雜果為林。及陂湖江海魚梁鰌鮆場。常加功修作者。聽不追奪。官品第一第二。聽占山三頃。第三第四品。二頃五十畝。第五第六品。二頃。第七第八品。一頃五十畝。第九品及百姓。一頃。皆依定格。條上貲簿。若先已占山。不得更占。先占闕少。依限占足。若非前條舊業。一不得禁。有犯者。水土一尺以上。並計

總依常盜律論。停除咸康二年壬辰之科。從之。(五の廿上) 南史卅六 21上

宋書蔡興宗傳：……會稽太守。會稽多諸豪右。不遵王憲。又幸臣近習。參半宮省。封略山湖。妨民害治。興宗皆以法繩之。(五七下) 南史廿九 卅下

南齊書高帝紀：建元元年四月己亥。詔曰。……二宮諸王。悉不得營立屯邸。封略山湖。太官池籞。宜停稅入。優量省置。(二 21上) 南史の 6下

又崔祖思傳：建元之初。……上初即位。祖思啟陳政事曰：……時辭山澤之饒。禁權抑豪右。……封擅。(卅八 21上)

梁書武帝紀：天監七年九月丁亥。詔曰：……藪澤山林。……頃世相承。並加封固。……凡公家諸屯戍見封熾者。可悉開常禁。(二之下)

梁書武帝紀大同七年十二月。壬寅。詔曰。……公私傳屯。邸冶爰至僧尼。當其地界。止應依限守視。乃至廣加封固。越界分斷。水陸採捕。及以樵蘇。遂至細民。措手無所。凡自今有越界禁斷者。禁斷之身。皆以軍法從事。若是公家創內。止不得輒自立屯。與公競作。以收私利。至百姓樵採以供煙爨者。悉不得禁。及以採捕。亦勿訶問。若不遵承。皆以死罪結正。（三卅）

又蕭穎達傳。御史中丞任昉奏曰。風聞征虜將軍臣蕭穎達啟乞魚軍稅。輒攝穎達宅督彭難當到臺辨問。列稱尋生魚典稅。先本是鄧僧琰啟乞。限訖今年五月十四日。主人穎達於時謂非新立。仍啟乞接代僧琰。即蒙降許。登稅與史法論一年收直五十

前。……請以見事免邁所居官。以侯還更有詔原之。（平北）

梁書傅昭傳：（天監十七年出爲臨海太守。）郡有蜜巖。前後臨海太守皆自封固，專收其利。昭……教勿封。（卅六北）南史　卒北

又顧憲之傳：行衡州事。時司徒竟陵王於宣城、臨成、定陵三縣界立屯，封山澤數百里，禁民樵采。憲之固陳不可，言甚切直。……非卿無以聞此德音。即命無禁。（卷二〇上）南史　卅五下

陳書宗元饒傳：遷御史中丞。……時合州刺史陳裒贓汙狼籍，遣使就渚斂魚，又於六郡乞米，百姓甚苦之。元饒劾奏。……（六上）南史　六八下

南史孔靖傳：子靈符……家本豐，産業甚廣。又於永興立墅，周

同三十三年。水陸地二百六十五頃。含帶二山。又有果園九處。爲有司所糾。詔原之。而靈符答對不實。坐免。（卅七）

南史任昉傳：出爲新安太守。……郡有蜜嶺及楊梅，舊爲太守所采。昉以冒險多物故，即時停絕。吏人咸以百餘年未之有也。（卅）

九4上

宋書孝武帝紀：元嘉三十年七月辛酉。詔曰：……其江海田池公家規固者。詳所開弛。貴戚競利。悉皆禁絕。（四下）

宋書武帝紀：義熙八年十一月己卯。公至江陵。下書曰：……州郡縣屯田池塞。諸非軍國所資。利入守宰者。今一切除之。（二下）

又孝武帝紀：大明七年七月丙申。詔曰：前詔江海田池。與民共利。

曆歲未久，復以地僻，名山大川，使之占固，有司務加檢糾。由此
寖制（下略）

宋書明帝紀泰始三年八月丁亥詔曰：……頃商販逐末，競早爭
新，折未實之果，收豪家之利，籠非膳之翼，為戲童之賞……自
今鱗介羽毛，肴核眾品，非時月[illegible]可采，器味所須，可一皆禁斷，
嚴為科制。（下略）

南史齊本紀鬱林王永明十一年八月，蠲除三調及眾逋，在今年
七月三十日以前，省御府及無用池田邸冶……（下略）

賦稅（鹽鐵）

晉书宣帝紀：大和五年，興京兆天水南安監冶。（一頁）

又職官志：后山古澤乃寄。鹽鐵金銀銅錫，指平之竹園，別其官室園圃。皆不為屬國。安の比

又慕容皝載記：立冶於商山。置鹽官於烏常澤。以廣軍國之用。

（47）

又到法安程其乃空甲子稱。紀鉞左右跡者。益以木械其財之鍾故。

易以木稿。（冊性）

宋书百官志：衛尉。……晉江右掌冶鑄。領冶令三十九。戶五千三百五十。冶皆在江北。而江南唯有梅根及冶塘二冶。皆屬揚州。不屬衛

尉。〻〻江左不置。宋世祖孝建元年復置。(四九8下)

又東冶令一人。丞一人。南冶令一人。丞一人。漢有鐵官。晉置令。掌工徒

鼓鑄。屬衛尉。江左以來。省衛尉。度隸少府。宋世祖復置衛尉。冶隸

少府如故。江南諸郡縣有者。或置冶令。或置丞。多是吳所置。(四

九9下)

宋書劉粹傳弟道濟……遷……益州刺史……府又立冶。一斷

私民鼓鑄。而貴賣鐵器。(四五下)

陳書世祖紀天嘉二年十二月。太子中庶子虞荔。御史中丞孔奐。

以國用不足。奏立煮海鹽賦及榷酤之科。詔並施行。(三卌下)

九9下　南史

續抄（榷酤）

宋書文九王傳：建平宣簡王宏，時普責百官讜言。世祖宏議曰：……

陛下……禁賣茲丙地榷酤。……（已述）

陳書世祖紀：天嘉二年十二月，太子中庶子虞荔、御史中丞孔奐，以國用不足，奏立煮海鹽賦及榷酤之科。詔並施行。（三下）九外

韋戢都下酒酤皆折稱全

晉書武帝紀泰始元年受禪復天下租賦及關市之稅一年。（三上）

又甘卓傳遷……梁州刺史……估稅悉除，市無二價。（七十下）

又張重華傳以永和二年自稱持節大都督太尉護羌校尉涼州牧西平公，假涼王。……除關稅。（八六）

又儒林杜夷傳懷帝詔王公舉賢良方正。刺史王敦以夷補為賢良，夷為方正。……逼夷赴洛，夷遁於壽陽。鎮東將軍周馥傾心禮接，引為參軍。夷辭之以疾。馥知不可屈，乃自詣夷，而起宅宇，供其醫藥穀帛。夷因燕居，遂過焉寓廬江縣（刺史劉陶者）……常以市租供給家人糧廩，自令釋之。（九一下）

估稅關市

晉書姚興載記：興以國用不足，增關津之稅，鹽竹山木，皆有賦焉。
群臣咸諫……興曰：能踰關梁、通利於山水者，皆豪富之家。吾
損有餘以裨不足，有何不可。乃遂行之。（一一七，2上）
又孝武帝紀：寧康元年三月，癸丑，詔除丹陽竹格等四桁稅。
宋書武帝紀：永初元年，又以市稅繁苦，優量減降。（三，2上）南史一以
齊書明帝紀：建武元年十月，詔曰：頃守職之吏，多違舊典，存私害
公，實興民蠹。今商旅稅石頭後渚及夫鹵借倩，一皆停息。所在
凡厥公宜，可即符斷。主曹詳為其制，憲司明加糾察。（六，2上）
又豫章王嶷傳：……徙荊州刺史。……時太祖輔政，嶷務在省
約，……以市稅重濫，更定樵格，以稅還民。禁諸市調及苗籍。二

參下兩段南史

千石直米。石值多人當市。（丙二近）
南齊書顧憲之傳：永明六年……行會稽郡事。時西陵戍主杜元懿
啓：吴興無秋，會稽豐登，商旅往來，倍多常歲。西陵牛埭税，官格
日三千五百。元懿如即所見，日可一倍。盈縮相兼，略計年長百
萬。浦陽南北津及柳浦四埭，乞爲官領攝，一年格外長四百許
萬。西陵戍前檢税，無妨戍事。餘三埭自舉腹心。世祖敕示會稽
郡：此詎是事宜？可訪察即啓。憲之議曰：尋始立牛埭之意，非苟
逼僦以納税也，當以風濤迅險，人力不捷，屢致膠溺，濟急利物
耳。既公私是樂，所以輸直無怨。京師航渡，即其例也。而後之監
領者，不達其本，各務己功，互生理外。或禁遏别道，或空税江行。

撲船倍價。

或[illegible]或力周而猶責。凡如此類。不經埭煩牛者上詳。被報格外十條。並蒙停寢。從來諠訴。始得暫弭。案吳興頻歲失稔。今茲尤饉。去之從豐。良由饑棘。或徵貸貿粒。還拯親累。或提攜老弱。陳力餬口。埭司責稅。依格弗降。舊格新減。尚未議登。格外加倍。將以何術。……且比見加格置市埭。前後相屬。非惟新加無贏。並皆舊格猶闕。愚恐元懿今啟。亦當不殊。若事不副言。懼貽譴詰。便百方侵苦。為公賈怨。……（四六上）

梁書武帝紀。天監十五年春正月己巳。詔曰。……關市之征。或有未允。外時參量。優減舊格。（二九上）

又大同十一年三月庚辰。詔曰。……凡遠近分置內外條流四方

所立屯傳郵治市墟行渡津税田園。於舊守軍。遊軍戍邏。有不便於民者。書於州郡。如遠條上。當隨宜除省。以紓民患。（三此）

梁書侯景傳：侯景既據壽春。遂懷反叛。……輒停責市估及田租。（五六此）（南史同）乃抗表曰。……関市征税。咸悉停原。壽陽之民。頗懷優復。（六此）

陳書宣帝紀太建○年（閏月辛未）詔曰。姑孰……自梁末兵災。凋殘略盡。……自今有罪任之徒。許其留郡下。其已在江外。亦令追還。並任西州津寨安置。有無交貨。不責市估。——（五此）

又十一年十二月己巳。詔曰。……重以旗亭関市。税斂繁多。不廣於內之錢。非供水衡之費。逼遏商賈。營謀私蓄。——市估津税。

皆令國和吏原詳定，務存平允。（五九上）

宋書文帝紀元嘉十七年十一月丁亥，詔曰：……又州郡估稅，所在市調，多有煩刻。（五七上）

又前廢帝紀大明八年，世祖崩，即帝位，詔曰：……關市僦稅，事施一時

……山陽王寶貿，宣活無數。（七上）

南史齊本紀鬱林王永明十一年八月，詔減關市征稅。（五上）

又陳本紀後主，稅江稅市，徵取百端。（十上）

南史恩倖傳陸驗：……與徐驎，西人，遞為少府丞、太市令。……驗驎並以苛刻為務，百賈畏之。畢至市時，以朱異進之。（七七下）

又沈客卿，初以為中書舍人，兼步兵校尉，掌金帛局。以舊制

軍人士人。二品清官。並無關市之稅。後主盛修宮室……府庫空虛。有所營造。恒苦不給。客卿每立異端。唯以刻削百姓為事。奏請不問士庶。並責關市之估。而又增重其舊。於是以陽惠朗為太市令。暨慧景為尚書金倉都令史。二人家本小吏。考校簿領。毫釐不差。糾謫嚴急。百姓嗟怨。而客卿居舍人。總以督之。每歲所入。過於常格數十倍。後主大悅……隋晉王以客卿重賦厚斂。以悅於上。與文慶、暨慧景、陽慧朗等俱斬於石闕下。

（七七　21）

賦税（市買）

宋書武帝紀：永初元年七月丁亥。……臺府所須，皆別遣主帥與
民和市。即時裨直。不復責租民求辦。（三2上）
又文帝紀：元嘉十七年十一月丁亥，詔曰：……又州郡估税，所在
市調，多有煩刻。……自今咸依法令，務盡優允。如有不便，即依
事別言。不得苟趣一時。以乖隱恤之旨。（五7上）
齊書武帝紀：永明五年九月丙午，詔曰：……自水德將謝，喪亂彌
多。師旅歲興，饑饉代有。貧室盡於課調，泉貝傾於絕域，軍國器
用，動資四表。不因厲產，咸用九賦。雖有交質之名，而無潤私之
實。民咨塗炭，寔此之由。……凡下貧之家，可蠲三調二年。京師……

及四方。出錢億萬，糴米穀絲綿之屬。其和價以優黔首。遣都督
市雜物。非土俗所產者，皆悉停之。必是歲賦所宜，郡邑所產之，可
見直和市。勿使逋刻。（三下）
又豫章王嶷傳：……荊州刺史……禁斷市調及苗籍二千……
百官家不得與人為市。（卅二下）
又卷四十傳，竟陵王子良啟曰：……凡應賞錢，不限大小，仍令在
所折市布帛。若民有雜物，是軍國所須者，聽隨價準直，不必一
應送錢。於公不虧其用，在私實荷其渥。（卌六下）中　邢啟
南史五本紀：東昏侯潘氏服御，極選珍寶，主衣庫舊物，不復周用。
貴市人間金銀寶物，價皆數倍。琥珀釧一隻，直百七十萬。趙下

限程。皆材豫定。以備稽閲。搭不材是。、、、山宜訖

晋书吐谷渾傳：國無常稅。調用不給。輒斂富室商人。取足而止。（完）

七址

宋书武帝紀：義熙八年十一月。己卯。公至江陵。下书曰：……臺調癸卯梓材。庚子皮毛。可悉停省。別量所出。（二〇頁　史）

又永初元年秋。七月。……又運舟材及運船。不復下諸郡輸出。悉委臺別量。量所須。悉以別置主帥。與民和市。即時裨直。不復責租民求辦。又停廢虜車牛。不得以官威假借。……（三〇上）

又文帝紀：元嘉十七年十一月。丁亥。詔曰：……又州郡估稅。所在市調。多有煩刻。（仝上）

宋書孝武帝紀大明二年閏月。二十庚子。詔曰。夫山處巖居。不以魚
鼈為禮。頃歲多[illegible]章調煩切。逾方課殊。本屬一時。兩宜折衷。
遂為常。……凡寰衛貢職。山淵采捕。皆當詳辨產殖。考順歲
時。勿使麛卵殘毀。睽忤氣節。（宋六上）
又明帝紀泰始二年十一月壬辰。詔曰。……其方物職貢。不順土
宜。尚書納貢。務依時令。（宋八上）而卑。制使奉土。徑荒懸遠。並不
並遣序。蠲本調二年。（宋八上）
又後廢帝紀元徽元年八月。壬午。詔曰。閩越殊隔。疊日恒思。往屬
戎難。務先賞賚。徵調之宜。事乖恒準。……可普使刻除。明加詳
察。其緣邊遠令。後非不限此。並即蠲除。其餘以聞。（宋九上）
二集

五月戊戌，原降江州通儀，共五隊非常課，猶為民蠹。此奏請蠲僖。（九上）

南史齊本紀：武帝建元四年三月癸酉，詔免逋城錢，自今以後，申明舊制。初，晉宋舊制，受官二十日，輒送修城錢一千。宋泰始初，軍役大起，受官者萬計，兵所擁者，來有未輸。自是令僕以下，並不輸送。二十年中，大限不可稱計。文符督切，擾亂在所。至是除蕩，百姓悅焉。（四〇九b）

言者請曰：城直之制，歷代宜同，因頃歲逋弛，遂以為常，議在寬愍，而頃以可責。積年逋城，可悉原宥。自今以後，申明舊科，有違糾裁。（三九上）

又永明六年六月辛未，詔揚州郡縣遠修城錢。（四〇上）

南史謝朏傳書：朏初為吳興，以雞卵賦人，收雞數千。[illegible]

晉書武帝紀：太康五年，減天下戶課三分之一。（三40）

又惠帝紀：永平之年〔案即元康之年〕五月……壬午，除天下戶調綿絹。

又永興元年十二月丁亥，詔曰：……戶調田租三分減一。

詔改之可（64）

又成帝紀：咸和五年六月癸巳，初稅田，畝三升。（七31）

又咸康二年二月，度田稅米，空懸五十餘萬斛，尚書褚裒以下免官。（七30）

又哀帝紀：隆和元年正月甲寅，減田稅，畝收二升。（七32）

又孝武帝紀：寧康二年夏四月壬戌，皇太后詔曰：……三吳義興

晉陵及會稽遭水之郡，大者並全除一年租布，其次聽除半年。（上）
元帝太元元年七月……乙巳，除度田收租之制，公王以下
口稅米三斛，蠲在役之身。（紀）八年十二月，增百姓稅米口
五石。（上）

晉書劉超傳……補句容令……常年賦稅，主者常自四出，詰評
百姓家貲。至超，但作大函，村別付之，使各自書家產，投函中，訖
送還縣。百姓依實投上，課輸所出，有踰常年。（七十上）
又王廙傳，弟彬……子彪之……會稽內史……溫桓以山陰縣
折布米不時畢，郡不彈糾，上免彪之。（七十六紀）
又慕容皝載記，以牧牛給貧家田于苑中，公收其八，二分入私。有

牛而無地者。亦田苑中。公收其七。三分入私。皝記室參軍封裕
諫曰。……自永嘉喪亂。百姓流亡。中原蕭條。千里無煙。飢寒流
隕。相繼溝壑。先王以神武聖略。保全一方。……故九州之人。塞
表殊類。襁負萬里。若赤子之歸慈父。流人之多舊土。十倍有餘。
人殷地狹。故無田者十有四焉。殿下■■……南摧強趙。東滅
句麗。開境三千。戶增十萬。……宜省罷諸苑。以業流人。人至而
無資產者。賜之以牧牛。……且魏晉雖道消之世。猶削百姓不
至於七八。持官牛田者。官得六分。百姓得四分。私牛而官田者。
與官中分。百姓安之。人皆悅樂。臣猶曰非明王之道。而況增乎。
……皝乃命曰。……苑囿可悉罷之。以給百姓無田業者。貧者

令無資產。不能自存。予賜牧牛一頭。若私有餘力。樂取官牛耀

者田也。其依親為蓋法。（九九上）

晉書李雄載記。其賦男子一歲穀三斛。女丁半之。戶調絹不過數丈。

綿數兩。事少役希。百姓富實。（一二一上）

又安帝紀。義熙九年。夏。四月。壬戌。罷臨沂湖熟皇后脂[illegible]澤田四

十頃。以賜貧人。（十上）

又傅玄傳。泰始四年。以為御史中丞。時頗有水旱之災。玄上

疏。……上便宜五事。其一曰。……舊兵持官牛者。官得六分。士

得四分。自持私牛者。與官中分。施行來久。眾心安之。今一朝減

持官牛者。官得八分。士得二分。持私牛及無牛者。官得七分。士

佳稅（租調）

同上卷。人失其所。必不聊生。庸置以為宜佃與安牛耕與田
卷。楫私牛與官中分。……」（四七之下）
宋書武帝紀義熙八年十一月。己卯。公至江陵。下書曰。……江荊
……二州……凡租稅調役。悉宜以見戶為正。州郡縣屯田池
塞。諸非軍國所資。利入守宰者。今一切除之。」（三上）
又永初元年八月辛亥。詔曰……救限內首出。蠲租布二年。……」（三
之上）庚辰。詔曰。彭城下邳三郡。首事所基。情義繾綣。事由情與。
古今所同。彭城桑梓本鄉。加隆攸在。優復之制。宜同豐沛。其沛
郡下邳。可復租布三十年。」（三之下）
又文帝紀元嘉元年八月己亥。減荊湘二州今年稅布之半。」（五之上）

南史　二下

宋書文帝紀元嘉四年二月乙卯，行幸丹徒。謁京陵。三月丙子，詔曰：丹徒桑梓綢繆，大業攸始……其蠲此縣今年租布。……（宋3上）南史二2上

又十七年十一月丁亥，詔曰：前所給揚南徐二州百姓田糧種子，兗豫青徐諸州比年所寬租穀，應督入者，悉除半；今年有不收處，都原之。凡諸逋債，優量申減。（宋6上）

又二十四年春正月甲戌，大赦天下……蠲建康秣陵二縣今年田租之半。（宋9下）

又二十六年二月己亥，車駕陛(幸)丹徒，謁京陵。三月丁巳，……詔曰：其大赦天下。復丹徒縣僑舊今歲租布之半。行所經縣，蠲田租之半。

宋書卷五文帝紀（公105　二仕）校史
二十八年二月。……詔曰。凡虜所經緣淮郡縣。……其廣陵江淮
城。並復田租。並蠲逋稅調。（公105）
宋書孝武帝紀。元嘉三十年五月甲午。詔赦京邑二百里內。並蠲
今年租稅。（六頁）閏月庚六月甲申。蠲尋陽西陽郡租布
三年。（頁二）校史　割附錄。
又大明三年三月甲申。原田租布各有差。（六頁）
又五年二月。癸巳。車駕閱武。詔……赦……其逋負在大明三年
以前。一切原停。自此以後。鰥貧疾老。詳所申減。伐蠻之家。蠲租
稅之半。（六頁）

宋書孝武帝紀大明五年十二月……甲戌，制天下民戶歲輸布一

四疋。宋六8下　南史二9上

又七年二月甲寅，車駕巡南豫南兗二州。己巳……丙寅，詔曰：……可大

赦天下。行幸所經，無出今歲租布。其逋租餘債勿復收。又詔曰

一二……可蠲歷陽郡租輸三年。十一月丙子，曲赦南豫州殊死以

下。巡幸所經，詳減今歲田租。宋六11上　十二月丙午，曲赦歷陽

……蠲郡租十年。宋六11上　南史二13上

又前廢帝紀永光元年八月丁丑，減州郡縣田租之半。宋七23上

又明帝紀泰始二年十一月丙申，制使東土經荒流散，並各還本—

蠲（免）調二年。宋八4上

宋書少帝紀：景平の年辰の月己卯，除減郡縣田租之半。（六6上）

又後廢帝紀：元徽の年七月，建平王景素反，南徐州新失民原除租布二年元年以前逋調。（九4下）

又順帝紀：昇明元年，雍州大水。八月壬子，遣使振卹，蠲除租調。丁卯，原除元年以前逋調。（十1下）

又二年六月戊子，蠲雍州緣沔居民前被水災者租布三年。（十2下）

又三年正月乙卯，太傅了年表請負責糾贖，從此遠原除。（十3上）

又劉道產傳：弟道錫，巴西梓潼二郡太守。元嘉十八年，為氐寇所攻。……城内羸家，道錫募吏民守城。復租布二十年。及賊退，輯議賊雖殘城。一戰傷亡。穩依岸安。移率前優。右削歸軍決償之。

丹陽尹羊玄保，以軍中有者先量，並宜隨功勞裁量，不可全用

原錢，多所不得至十萬錢。（六三上）

宋書王玄謨傳：遷寧朔將軍、雍州刺史……雍土多僑寓，玄謨請

土斷流民。當時百姓不願屬籍，罷之。六年，玄謨請以今九品以上

租，使貧富相通，境內莫不嗟怨。（四六上）

又周朗傳：朗……時普責百官讜言，朗上書曰：……又取

稅之法，宜計人為輸，不應以貲。云何使富者不盡，貧者不蠲。乃

令桑長一尺，圍以為價，田進一畝，度以為錢，屋不得瓦，皆責貲

實。民以此樹不敢種，土畏妄墾，棟焚榱露，不敢加泥。（四二上）

又孝義傳：賈恩，母亡……未葬，為鄰火所逼，恩及妻桓氏號哭奔

敕。鄞近赴助。指揮日起。具及相倜見境死。省司慮隊共生油孝
新羅錫祖布三世。（兄一作迺）蘇安期後共同擇得。錫祖稅十年。
迂。豐傑錫祖布三世（迂）。五彭錫祖布三世（迂）。余子晨謬
祖布迂

宋書徐豁傳。豁元嘉初爲始興太守。三年。遣大使巡行四方。並
使郡縣各言損益。豁因此表陳三事。其一曰。郡大田武吏。年滿
十六。便課米六十斛。十五以下至十三。皆課米三十斛。一戶內
隨丁多少。悉皆輸米。且十三歲兒。未堪田作。或是單迥。無相兼
通。年及應輸。便自逃匿。或乃斷截支體。
產子不養。戶口歲減。實此之由。謂宜更量課限。使得存立。今若

減其米課。雖有變移。考之明末。猶有遺意。……其言曰。中宿路俚民課銀。一丁輸面糧半兩。蓋此縣自不出銀。而俚民皆業耕蠶種。不閑貨易之宜。每致買銀。兩移已去。乃稱兩受入。所生蠶竹。山俚貿遷。不雜自出。古以據苦輕。民以所稼為劇。今若稼計丁課米。以杜重斂（九二上）

宋書隱逸傳關康之……元嘉中。太祖聞康之有學義。除武昌國中軍將軍。蠲除租稅（九三上）

南齊書高帝紀。建元四年正月。癸亥。詔曰。……建元以來戰亡。賞蠲租布二十年。雜役十年。若不得收殿。主軍保押。亦同此例（二上）

又武帝紀。永明四年。五月。癸巳。詔揚南徐二州今年戶租。三分二

取見布。一分取錢。來歲以後。遠近諸州輸錢處。並減布直。匹准
四百。依舊折半。以為永制。（三4下）
子嶷……豫章文獻王傳……為……荊湘二州刺史……以穀過賤。
聽民以米當口錢。優評斛一百。（廿二上）
又王敬則傳。竟陵王子良啟曰……建元之初。狡虜游魂。軍用殷廣。
浙東五郡。丁稅一千。乃有質賣妻兒。以充此限。道路愁窮。不可
聞見。所逋尚多。收上事絕。臣登具啟聞。即蒙蠲原。（廿六下）
梁書良吏傳序。高祖……元年始去人貲。計丁為布。（五三上）南史循吏傳序（七十上）
又儒學傳。某除揚奉春。某條各報。屬鄉居民。悉皆貧苦。七郡停
責市估及田租。（五二上）

陳書世祖紀天嘉元年三月。丙□。詔曰。……近所置軍資。本充戎備。……今虜寇稍遠。減三分之一。（三張）

又宣帝紀太建三年三月。丁丑。大赦天下。自天康元年訖太建元年。逋餘軍糧祿秩及夏調未入者悉原之。（五張）

又後主紀至德二年十月。己酉。詔曰。……開太建十四年望訂租調逋未入者。並悉原除。……（六張）禎明元年二月丁卯。詔至德元年望訂租調逋未入者並悉原之。（六張）

又宣帝紀太建九年夏。五月。丙子。詔曰。……可起太建以來。訖八年。流移叛戶所帶租調。七年八年叛義丁。五年訖八年叛軍丁。六年七年逋租田米粟夏調綿絹絲布麥等。五年訖七年逋贖

補。消息原10上（又七上）

宋書武帝紀義熙八年（第二上）九月己卯至江陵下書曰……凡租稅調役

悉以見戶爲正。（三上）通史

又晉書武帝紀太始七年十二月丙寅遣使□郡給貸種糧者

租。（出以上二條）通史

魏書高祖紀延興三年七月詔河南六州之民戶收絹一匹綿一

斤租三十石（七上）

又魏書食貨志……高祖改……舊制天下之民絹布一匹之外

綿麻八兩，兩以上者以供之（四十上）

賦稅（商征）

商人亡命爲盜

（馬燧傳）建中，燧討絨宗東楊名師牲是方旱，度支議括商旅緡錢，其三分之入兩（少爲資）陽方單趙從李晉端等爲相，以其事且危，陽是其言遣收陸贄原師燧無抗救之閱使又請劉暢請隱重有許燧教不問但諫方勞，執者何暢收三十萬而罷稅

商人亡命（積匪）

（德宗紀）（建中三年四月）甲子，借商錢。（七月）癸巳，借商錢令亡（七年）九月丁未，初稅商錢、茶、漆、竹、木，十取一（出述）

賦稅

通考原求僥倖無賦役者，率相投稅（卷一頁）　吐谷渾傳國無常賦

（六二頁）晉書僥倖無徭役

廢六關。家語顏回篇王肅注：訓置言置關以稅行者。周學紀商六九〇頁

律疏刑統不同。疏依律生文，刑統參用後敕。周學紀閏十二頁

租賃課。通鑑卷之二百五十五，初令租庸調租賃課皆以土物輸

京都注：西京、東都。租庸調，高祖太宗之法，租賃課必多之，以求

之法（分見上の一〇頁）

折納紬絁。通鑑德宗建中三年，戶部尚書李元上疏以為……（後注）

今稅者以官所……貨為錢，折納紬絁之法……以休息